아인슈타인,
시간 여행을 떠나다

탐 철학 소설 05

아인슈타인, 시간 여행을 떠나다

1판 1쇄 발행 2013년 7월 8일
1판 5쇄 발행 2025년 5월 12일

지은이 고중숙
펴낸이 이재일

책임 편집 윤정현
제작 마케팅 강백산, 강지연, 김주희
디자인 땡스북스 스튜디오, 문고은, 유민경
표지 일러스트 박근용

펴낸곳 토토북 | **출판등록** 2002년 5월 30일 제2002-000172호
주소 04034 서울시 마포구 잔다리로7길 19, 명보빌딩 3층
전화 02-332-6255 | **팩스** 02-6919-2854
홈페이지 www.totobook.com | **전자우편** totobooks@hanmail.net | **인스타그램** totobook_tam

ISBN 978-89-6496-145-2 44100

• 탐은 토토북의 청소년 출판 전문 브랜드입니다.
• 이 책의 사용 연령은 14세 이상입니다.
• 이 책은 푸른디딤돌 출판사의 《아인슈타인, 시간 여행을 떠나다》의 개정판입니다.

아인슈타인,
시간 여행을 떠나다

고중숙
지음

05
탐
철학
소설

탐

물리학자들은 모두 빛이 무엇인지 잘 안다고 생각한다.
나는 평생 이를 알려고 노력해 왔지만 아직도 잘 모른다.

_ 알베르트 아인슈타인

차례

개정판 머리말

신비롭고 흥미로운 상대성이론의 세계로

2007년 초판 발간 이후 거의 6년 만에 개정판을 내게 되었다. 그런데 세월이 흘러 감회는 자못 새롭지만 우리나라 과학계의 현실은 나아진 게 별로 없는 듯 싶어 마음이 가볍지는 않다.

돌이켜보면 초판이 나올 무렵 우리나라는 최초의 우주 로켓인 나로호의 1차 발사 그리고 역시 최초의 우주인을 지구 궤도에 올렸다가 귀환시키는 일에 많은 기대를 걸었다. 하지만 실망스럽게도 나로호의 발사는 실패했고 우주인의 궤도 여행은 성공했지만 처음 선정되었던 우주인이 교체되는 등의 우여곡절 때문에 감격은 반감되었다. 이 모두가 잘 진행되어 기대한 것보다 큰 성공을 거두었다면 더할 나위 없이 좋았을 것이다. 그러나 우주 개발의 후발 주자로서 여러 모로 서둘러야 했던 상황을 차분히 돌아보면 어느 정도의 어려움과 실패는 불가피했을지도 모른다. 따라서 기대에 못 미치기는 했지만 이런 모든 시련을 딛고 새로운 각오로 앞날을 개척해야 한다.

어떤 사람은 "우리나라처럼 작은 나라에 우주 개발은 어울리지 않는다"고 말하기도 한다. 그리고 이에 대해서는 정확히 답변하기가 곤란하다. 하지만 분명한 것은, 과학 개발의 중점은 어디에 두든, 우리나라처럼 국토와 물적 자원이 미흡한 나라일수록 과학을 통한 발전을 더욱 적극적으로 추구해야 한다는 사실이다. 애초에 이 책도 꼭 우주 개발에만 초점을 맞추어 쓴 것은 아니고 보다 넓게 전반적으로 바람직한 과학관의 형성에 이바지하려는 뜻에서 썼다. 그러자면 과학의 신비와 흥미를 함께 보여 주는 주제를 택해야 했는데, 아인슈타인의 상대성이론이 이런 점에서 아주 제격이라고 여겼다.

실제로 상대성이론은 첨단 과학이나 우주여행은 물론 핵무기와 원자력 발전 그리고 네비게이션에 쓰이는 GPS 등등 참으로 넓은 범위에 적용되고 있다. 하지만 그 실마리와 기본적인 내용은 아주 쉽게 이해할 수 있으므로 금상첨화이다. 그리고 힘들게나마 나로호의 3차 발사에 성공한 이후 최근의 정세를 보면 우리나라도 이런 면들에 더욱 많은 노력을 기울여야 할 필요성이 한층 커지고 있다. 따라서 이 개정판을 통해 과학에 관심을 기울이고자 하는 여러 사람의 마음에 조금이나마 새로운 도움이 되기를 기대한다.

이 책은 상대성이론의 핵심적 면모를 소설로 풀어낸 것이므로 부담 없이 읽기에 좋다. 아무쪼록 이처럼 편안한 마음속에서 과학을 향한 소중한 불씨가 지펴져 장차 드넓게 번져 나가는 데에 작은 계기가 되기를 바라마지 않는다.

2013년 여름, 고중숙

초판 머리말

과학의 기쁨을 널리 나누자

배우고 때로 익히면 즐겁지 아니한가! _ 공자(孔子, BC552~479)

인간은 50억 년에 이르는 지구 역사상 가장 번성한 종이다. 이와 같은 인류 문명의 역사는 여러 면에서 살펴볼 수 있는데, 그 중 하나는 '도구'의 발달에 비춰 보는 것이다. 최초의 사람이 나타나고도 오랜 세월 뒤인 약 2백만 년 전의 어느 날 누군가 도구로 사용할 만한 좋은 돌을 발견했다. 이른바 '구석기' 시대를 연 이 발견은 인간과 다른 동물의 앞날을 가름하는 혁명적인 사건이 되었다. 하지만 그 뒤의 혁명까지는 또 수많은 나날을 보내야 했다. 이 시간 동안 사람의 손은 차츰 정교해졌고, 이를 제어하는 두뇌의 기능도 조금씩 발달했다. 그리하여 약 1만 년 전에 마침내 돌을 용도에 맞게 갈아서 쓸 줄 알게 되었다. 인류는 '신석기'라는 새 도구를 발명하였고, 이로부터 제1차 산업 혁명인 농업 혁명이 일어났다. 그리고 이후 '청동기'와 '철기'라는 더욱 강한 재료를 사용하는 도구들이 발명되어 고대 국가라는 큰 집단을 뒷받침하게 되었다.

인류 사회가 이처럼 크고 복잡해짐에 따라 인간의 지력은 한층 빠르게 깨었는데, 그 필연적 결과 가운데 특히 주목할 것은 18세기 초에 발명된 증기 기관이었다. 이전에도 사람들은 여러 장치를 고안하여 미약한 근육의 힘을 보완했다. 하지만 자세히 보면 모두 지렛대처럼 사람이나 동물의 힘을 효

율적으로 사용할 뿐 자연계의 다른 에너지를 이용하지는 않았다. 증기 기관은 석탄의 에너지를 뽑아 이전의 것들과 비교할 수 없을 정도로 강한 힘을 발휘했다. 사람들은 이 막강한 위력을 여러 산업에 활용하여 생산력을 폭발적으로 증가시켰는데, 이것이 바로 제2차 산업 혁명이고, 흔히 그냥 '산업 혁명'이라고 말하면 이 혁명을 가리킨다.

제1차 산업 혁명이 농업 혁명임에 비하여 제2차 산업 혁명은 '공업 혁명'이다. 그래서 이후 약 300년 동안 수많은 기계적 도구가 나타났는데, 그 중 이전 두 차례의 산업 혁명에 못지않게 거대한 혁명을 이끈 것으로는 '컴퓨터'를 꼽아야 할 것이다. 이 혁명도 어느 면에서는 분명 산업 혁명의 일종이다. 그러나 대개 그 진정한 의미를 헤아려 '정보 혁명'이라 부른다. 이상의 3대 혁명 중 두 혁명은 지난 일이 되었지만 세 번째 혁명은 현재 진행형이다. 따라서 먼 훗날 우리 세대는 생생한 역사의 증인 세대로 평가될 수도 있다.

여기서 우리는 한 가지 중요한 의문을 숙고해 봐야 하는데, 그것은 바로 '과연 우리가 진정한 의미의 역사적 증인일까?'라는 것이다. 이 의문을 제기하는 이유는 많은 사람이 새로운 혁명에서 본질적으로 소외되고 있다는 사실을 지적하고자 함이다. 제2차 세계 대전까지 세계 학문의 중심지는 유럽이었고 학문 간의 연관 관계를 중요시하는 전통이 명맥을 이어 왔다. 그러나 나치의 박해를 피해 수많은 석학이 미국으로 도피하면서 이런 전통이 끊어졌고, 그 틈새를 미국의 실용주의가 메웠다. 그리하여 학문의 간극은 갈수록 넓어졌으며, 한 분야의 전문가라도 다른 분야에서는 낯선 이방인처럼 소외되었다. 오늘날 많은 사람은 어느덧 이런 추세를 불가피한 것으로 받아들이는 것 같다. 하지만 이런 흐름을 되돌릴 길은 정말 없을까?

이에 대해서는 사태의 겉모습에 속지 말고 내면의 긴밀한 관계에 주목할 필요가 있다. 현대가 전문가의 시대라고 하여 여러 분야 사이가 갈수록 멀어지는 것 같아도 실제로는 그 의존성이 훨씬 더 커지고 있다. 어떤 조직 사회에서 각자는 작은 부분만 맡고 있지만 한 사람의 실수가 전체에 미치는 파급 효과는 뜻밖에도 크며, 전 세계 정세도 국지적 사태에 갈수록 민감하게 반응하고 있다. 앞으로 이런 의존성은 더욱 강해질 것이다. 인터넷이 상징하듯, 고립된 점이 아니라 이들을 정보로 엮는 그물 구조가 세계의 진정한 본질이기 때문이다. 이제 전문가의 시대라는 '미혹의 울타리'를 넘어 상호 이해를 중시하는 전통적 시각을 되살려야 한다. 최근 들어 세계적으로 이런 인식이 차츰 높아지는 듯하다. 전문가라는 외곬의 길만 추구하기보다 한쪽으로는 전문가의 길을 가되, 다른 쪽으로는 여러 분야에 눈을 돌려 삶의 전체적 내용을 풍요롭게 채우려는 생각을 많은 사람이 하고 있다.

이런 상황을 종합해 보면, 정보 혁명 시대에 사는 우리가 앞날을 현명하게 펼치려면 적절한 수준의 과학적 소양을 갖춰야 한다. 과학은 우리 삶의 근원이자 원동력이며 미래를 열어 줄 핵심 도구이기 때문이다. 하지만 주위를 돌아보면 전망은 그다지 밝지 않다. 더욱이 최근 들어 우리 사회에는 안타깝게도 '이공계 경시 풍조'가 지나쳐 '이공계 위기'라는 말이 떠도는 지경까지 이르렀다. 이는 그동안 애써 구축했던 과학 입국의 뿌리를 뒤흔들 뿐 아니라, 세계적으로 싹트는 융화의 기운과도 어긋나 우리의 앞날에 심각한 위협이 되고 있다. 그 원인을 자세히 분석해 볼 필요가 있는데, 무엇보다 먼저 지적할 것은, 어쩐 일인지 과학이 막연히 어렵다는 생각이 널리 퍼져 있으며, 여기에는 과학계와 일반인 모두 나름대로 책임질 몫이 있다는 점이다.

과학계의 몫은 과학이 어렵다는 선입관을 오랫동안 방치하여 이공계의 위기를 자초했다는 사실이고, 일반인의 몫은 우리나라가 아직 선진국에 이르지 못했음에도 작은 번영에 도취되어 편안하게 살아갈 길만 찾음으로써 이공계의 위기를 불러왔다는 사실이다.

우리 사회는 오랜 동안 여러 방안을 마련하여 이를 해소하려고 노력했으나, 아직 뚜렷한 성과는 거두지 못했다. 따라서 앞으로도 만족스러운 궤도에 오를 때까지 줄기찬 노력을 기울여야 한다.

그런데 아인슈타인은 과학계의 책임과 관련하여 흥미로운 말을 남겼다. "어떤 과학 이론이든 수학적 표현과 상관없이 어린이도 알아들을 정도로 간명히 설명될 수 있어야 한다"고 주장했으며, "어린이가 알아들을 정도로 설명할 수 없는 과학 이론은 쓸모가 없다"고 말함으로써 모든 과학을 최대한 명료한 바탕 위에 세우도록 촉구했다. 이런 취지에 따라 "어떤 과학 이론을 어린이도 알아들을 정도로 설명할 수 없다면 아직 정확히 이해한 게 아니다."라고 말함으로써 과학자 누구나 자신 또는 다른 과학자의 이론을 자신부터 명확하게 이해한 뒤 나름대로 가장 명료한 설명을 개발하여 제시하도록 촉구했다.

아인슈타인의 말은 많은 사람의 귀를 솔깃하게 하는 반가운 말이다. 하지만 다른 한편으로 '과연 정말로 그럴까?' 하는 의구심이 들기도 한다. 이상적으로는 아인슈타인의 말이 타당하고도 바람직하지만, 현실은 생각보다 복잡하고 어렵다. 어떤 과학 이론이든 쉽게 설명한다는 게 오히려 어려우며,

실제로는 쉽게 설명하고자 할수록 더욱 어려워지는 경우가 잦다. 이런 뜻에서 다시 아인슈타인의 다른 말을 새겨 볼 필요가 있다. 천재로 알려진 그도 수학 배우던 시절을 돌이키면서 "수학이 어렵다고요? 설마 제가 겪은 어려움보다 더하겠습니까?"라고 토로했는데, 이는 과학계에 쉬운 설명을 촉구하는 한편으로, 그래도 어쩔 수 없이 요구되는 필수적 노력은 각자 최선을 다해 기울여 가야 한다는 점을 나타내고 있다.

작게 보면 사람마다, 크게 보면 우리나라가, 더 크게 보면 인류가 역사적으로 끊임없이 과학의 혜택을 받아 왔으며, 앞으로도 영원히 그러할 것이다. 우리는 이제 정보 혁명 속에 살면서 유구한 흐름의 중요한 매듭 하나를 증언하는 역사적 위치에 서 있다. 그런데 과학계와 일반인이 서로의 책임을 외면하면서 '깨어 있는 증인'이 되기를 포기하고 실상으로부터 소외되고 있다. 인생의 여러 목표 가운데 '앎'이라는 것은 매우 소중한 것이며, 수많은 선현이 지적했듯 '앎의 기쁨'은 인생의 여러 가지 축복 가운데 하나이다. 그리고 위대한 과학적 진리는 우리가 최고의 희열을 맛볼 수 있는 적절한 대상이다. 이런 과정을 통하여 우리의 삶은 풍요로워지며, 인생은 살 만한 가치가 있다는 생각으로 충만하게 된다. 정보 혁명의 진정한 성취는 이처럼 우리 안에서 구현되어야 하며, 가능한 한 많은 사람과 공유하는 게 바람직하다. 우리 모두 힘을 모아 과학의 기쁨을 널리 나누기를 진심으로 빌어 마지 않는다.

돌연변이 쌍둥이

1

"자, 드디어 출발이다."

선장이 일석이를 돌아다보며 말했다.

"네, 선장님."

일석이는 감격에 겨워 더 이상 아무 말도 잇지 못했다. 미래의 어느 날 우주 비행사 일석이는 우주선 '번개 17호'의 조종실에서 솟구치는 흥분을 억누르며 우주선의 진동을 온몸으로 즐기고 있었다. 몇 초 뒤의 발사 순간은 과연 얼마나 더 짜릿할까?

일석이는 열여섯 살이므로 우주 비행사로는 아주 어린 편이다. 물론 달까지의 여행이 별로 신기할 것도 없게 된 오늘날에는 갓난아이라도 우주여행의 승객이 될 수 있다. 하지만 우주 비행사와 우주여행의 승객은 엄연히 다르다. 마치 일반 여객기의 조종사와 승객의 차이가 큰 것처럼 말이다. 따라서 나이 어린 일석이가 우주 비행사가 된 것은 보기 드문 일로서, 그 배경에는 뭔가 특별한 이유가 있음이 분명하다.

형 송일혁(宋一赫)과 동생 송일석(宋一石)은 불과 9분 차이의 쌍둥이이다. 엄마의 말에 따르면 한 줄기 빛이 작은 구슬을 비춰 쪼개는 태몽을 꾸고 쌍둥이를 낳았기에 이름도 '빛날 혁' 자와 '돌 석' 자를 따서 지었다고 한다. 그런데 쌍둥이치고는 성격이 상당히 달랐다. 그래서 사람들은 '돌연변이 쌍둥이'라고 부르기도 했다.

일혁이와 일석이는 초등학교 6학년 때 시골에서 서울로 전학했다. 전라남도 고흥의 우주 센터에서 기술자로 근무하던 아빠가 장기간에 걸친 새 프로젝트에 참여하기 위하여 서울로 옮기게 되었기 때문이었다.

서울에 와서 첫 등교하는 날이었다. 선생님이 일석이를 소개하고 나서 간단히 인사말을 하라고 했다. 내키지 않았지만 어쩔 수 없이 몇 마디를 하던 일석이의 입에서 자기도 모르게 가벼운 사투리가 튀어나왔다. 그러자 여기저기서 킥킥하는 웃음소리가 들렸다. 그 뒤 아니나 다를까 쉬는 시간에 한 아이가 다가와서 깐죽거렸다. 여자아이처럼 곱고 여린 일석이의 모습이 만만하게 비쳤던 모양이었다.

"너, 아까 뭐라고 했지? 재밌던데."

그러자 사투리 때문에 기분이 몹시 상해 있던 일석이는 울컥 내뱉었다.

"니 디질래?"

다가온 아이는 움찔했다.

"뭐…… 뭐라고?"

만만해 보이던 일석이가 뜻밖에 드센 기세를 보이자 다가온 아이는 눈앞이 아찔해지면서 제대로 알아듣지도 못한 모양이었다. 하지만 이 짧은 사건은 순식간에 반 전체에 퍼졌다. 그러더니 다음 쉬는 시간에 어떤 아이가 다가와 일석이의 등을 두드리며 말했다.

"너 보기와 달리 대단하네."

다른 반에 배치된 일혁이는 좀 더 많은 시간이 걸려서야 다른 측면에서 인정받게 되었다. 일혁이는 명석하고 차분하고 빈틈없는 성격이다. 처음부터 주변의 아이들이 깐죽거려도 별다른 대응을 하지 않았다. 사실 이미 뭔가 카리스마 같은 게 풍겨서 특별히 심하게 깐죽거리는 아이도 없었다. 그렇게 하루 이틀 지나는 동안 일혁이는 공부나 운동 등에서 서서히 두각을 드러냈다. 그리하여 선생님과 학생 모두 일혁이를 일석이와 다른 뜻에서 '대단한 놈'으로 여기게 되었다.

고흥에서 살 때 쌍둥이는 자연과 가까이 지낼 수 있다는 게 정말 좋았다. 세계 제일의 과학 한국으로 떠오르는 동안 이곳도 개발에 따른 자연 훼손이 심했고 환경의 변화도 많았다. 그러나 우주 센터를 설립한 이후 이 지역의 개발은 다른 곳보다 철저한 계획에 따라 진행되었다. 게다가 지속적인 기술 개발과 노력으로 자연과 인공 사이의 뛰어난 조화를 이룬 고장으로 발전하였다.

학교에 다니는 평일에는 공부할 게 많고 시내에서도 재미있게 지낼 곳이 많았으므로 이곳 생활이라고 해도 도시 아이의 생활과 별로 다를 게 없었다. 하지만 주말이 되면 편리한 '자기부상열차'를 타고 단 몇 분 만에 자연에 흠뻑 빠질 수 있는 곳으로 나가 놀 수 있었다.

자기부상열차는 열차 전체가 전자석의 힘으로 선로 위에 약간 떠서 움직이므로 소음과 진동이 없고 속도도 아주 빠르다. 이렇게 엄청난 무게의 열차를 띄워서 빠르게 움직이려면 역시 엄청난 양의 전기가 필요하다. 그러나 핵융합 발전이 보편화한 덕분에 전기에 대한 걱정은 없다.

핵융합 발전은 '중수소'나 '삼중수소'라는 물질을 연료로 사용한다.[1] 이 물질은 아주 조금만 써도 전기가 많이 나오는데, 바닷물과 지하 광물 속에는 무한정이라 할 정도로 많이 들어 있다. 이에 따라 예전에는 비싼 에너지였던 전기가 이제는 사실상 공짜나 다름없는 값싼 에너지가 되었다. 그리고 전기를 생산하느라 물 쓰듯 태워 없앴던 석탄과 석유는 대부분 수많은 화학제품을 만드는 소중한 원료로 쓰이고 있다.

성격은 좀 대조적이었지만 일혁이와 일석이는 쌍둥이 특유의 신비로운 친화력으로 서로 잘 어울렸다. 어쩌면 오히려 대조적이었기에 더 잘 어울렸다고 말할 수도 있다. 주말에 친구들과 함께 산으로 바닷가로 놀러 가면 여러 가지 놀이를 했다. 그러다 가끔 한자리에 모여 눈앞에 펼쳐진 거대한 자연과 인공의 조화를 보고 있노라면 가슴 속에서 뭔가 깊은 포부가 샘솟는 것을 느꼈다.

"야, 어쩌면 저렇게 크게 지을 수 있냐!"

"뭐 말이냐?"

"아, 저기 핵융합 발전소와 우주 센터 말이지. 것들 말고 또 뭐가 있냐?"

"뭐가 것들뿐이냐? 저기 다리는? 저기 댐은? 저기 바다에 인공 섬과 배는 또 어떠냐?"

"하긴 그렇군. 글치만 역시 우주 센터가 제일이지!"

다른 사람들도 마찬가지겠지만 쌍둥이와 친구들도 이 부근에 놀러 오면 으레 한두 번 감탄하고, 다시 감상하고, 또 뭔가 차오르는 것을 느꼈다. 또 똑같은 내용이지만 말만 조금씩 달리하며 매번 비슷한 말을 주고받곤 했다.

조금 더 어렸을 때는 어른들과 함께 자주 왔다. 그러면 맛있는 것은 잔뜩 얻어먹는 것까지는 좋은데, 꼭 몇 마디씩 덧붙이는 이야기 때문에 김이 새곤 했다.

"저기에서 일하는 사람들은 모두 훌륭한 분이다. 그런데 언젠가는 저것들이 모두 너희 게 된단 말이다. 너희가 잘 물려받아서 더 좋게 발전시켜야겠지?"

그다음 이야기는 귀 기울이지 않아도 되었다. 처음 시작이 어떻든 결론은 언제나 공부로 모였기 때문이다. 그런데 이제는 친구끼리 놀러 와도 괜찮을 정도로 크다 보니 자유로운 기분을 고스란히 만끽할 수 있어서 좋았다. 그러나 아이들 가슴이 언제나 희망으로 부푸는 것만은 아니었다.

“야, 저것들 돌리려면 공부도 많이 해야 한다는데…….”

“모두 자동으로 돈다고 하던데…….”

“실제로 사람은 꼭 필요한 것만 한다고 그러더라.”

“그럼 공부도 꼭 필요한 만큼만 하지.”

이처럼 또래 아이들은 설렘과 걱정이 복잡하게 얽히며 각자의 미래를 그려 보곤 했다. 하지만 아직 어린 탓이었는지 낙관적인 분위기가 훨씬 강했다.

“어쨌든 좀 더 신 나는 여행 좀 많이 했으면 좋겠다.”

“달에는 가 봤지만 화성에도 갈 수 있으면 좋겠다.”

“나는 사실 달까지 갔다 오는 것도 좀 지겹더라. 타임머신처럼 신 나는 여행은 왜 아직 못 하는 거냐?”

“아니 그게 된다면 지금 여기에도 미래에서 온 사람이 많을 텐데, 그게 말이나 되냐?”

“글쎄, 그래도 된다고 하는 사람도 많던데…….”

“되기는 하지만 눈치 못 채게 조용히 다녀와야 하는 모양이지.”

아무래도 우주 센터 부근에서 자란 아이들이라 우주여행에 관심이 아주 컸다. 일석이도 아직 확고한 것은 아니지만 자신도 잘 헤아리지 못하는 마음속 깊은 곳에서 우주 비행사의 꿈이 아지랑이처럼 아른아른 피어오르고 있었다.

그런데 이처럼 여러 공상을 하던 아이들의 일과는 결국 모두에게 공통되는 하나의 초점으로 모이곤 했다.

"야, 이제 그만하고 우리 센터에 가서 게임이나 좀 하자."

"그래, 지난번 복수를 해야지."

"복수 좋아하네. 더 당하지나 마라."

"가자, 아자, 아자, 가자! 가서 한번 붙어 보자!"

우주 센터에 들어서면 쌍둥이가 늘 앞장섰다. 쌍둥이의 할아버지는 우주 센터의 최고 이론가였는데, 아이들을 무척 좋아하고 반겨 주기 때문이었다. 하지만 아이들이 우주 센터를 자주 찾는 진짜 이유는 할아버지가 만들어 놓은 특별한 게임 때문이었다. 더구나 할아버지는 이 게임에 여러 가지 요소를 조금씩 덧붙여 갈 때마다 새로운 기대를 하게 했다.

우주 센터의 현관에 들어서니 귀여운 안내 로봇이 아이들을 알아보고 인사를 건네 왔다.

"안녕, 오늘은 뭘 하고 싶어요?"

"당근 할아버지가 만든 게임이지."

"그럼 이쪽으로."

로봇이 안내하는 쪽으로 갔더니 갑자기 허공에서 멋있는 화살표 입체 영상이 나타났다. 언제나 보던 것이라 신기할 것도 없었지만 아이들은 뛰어서 화살표를 붙잡으려고 쫓아갔다. 하지만 화살표는 손끝이 닿을 듯하면 튕겨 나가고, 때로는 손아귀에 잡혔다가 미꾸라지처럼 스르륵 빠져나가 다시 안내하는 방향으로 날아갔다. 그렇게 왁자지껄 몰려가는 도중에 두꺼운 문 두세 개가 자동으로 열렸다가 닫혔다. 그리고 마침내 어떤 방에 들어서니 보기에도 현란한 각종 영상 장치 속에 할아버지의 입체 영상이 나타났다.

"어이구, 오늘도 우르르 왔군."

"안녕하세요. 아인슈타인 할아버지."

아이들은 할아버지의 모습이 아인슈타인과 닮았다는 사실을 알고는 언젠가부터 스스럼없이 '아인슈타인 할아버지'라고 불렀다.

"오냐, 근데 오늘은 내가 좀 바빠서 직접 볼 시간이 없구나."

이 말에 아이들은 갖은 몸짓을 곁들여 한마디씩 했다.

"으악!"

"오, 노!"

"안 돼요!"

할아버지의 입체 영상이 아이들의 머리나 어깨를 일일이 쓰다듬었다.

"자, 그럼 오늘도 게임을 하면서 체력을 많이 길러라."

아이들은 일제히 환호성을 질렀다. 할아버지는 아이들이 할 게임을 재미있게도 꾸몄지만 시력 보호는 물론 균형 잡힌 신체 발달에도 도움이 되도록 설계했다. 그 가운데 특히 인기 있는 것은 전설적인 고대 무술가들의 입체 영상과 가상 대련을 하는 게임이었다. 물론 무술가들의 전성기를 모델로 하면 아이들은 상대되지 않는다. 그래서 나이 조절 버튼을 누르면 또래 나이로 변신한 무술가들과 맞서 볼 수 있었다.

"자, 열두 살짜리 소림사 이소룡 나와라."

"이소룡이 뭔 소림사냐, 정무문이지."

"소림사 뒷문이 정무문이다. 왜?"

이 게임은 또한 두 사람이 서로의 입체 영상과 대결할 수도 있다. 유도나 레슬링처럼 붙들고 겨루는 게임은 할 수 없지만 권투나 태권도처럼 떨어져서 겨루는 게임은 가능했다. 어찌 생각하면 이런 가상 대결은 싱겁고 유치할 수도 있었다. 하지만 진짜로 맞상대할 때의 부상이나 치욕감 등을 덜 수 있으므로 매우 인기가 있었다. 서로 감정이 상한 친구들이 이 게임을 이용하여 마음껏 싸우고 속이 후련해져서 화해하는 때도 자주 있었다.

일혁이와 일석이의 이름을 지어 준 사람도 할아버지였다. 아빠로부터 엄마의 태몽을 전해 들은 할아버지는 이 태몽에 심오한 뜻이 담겨 있다면서 아주 신기해했다. 먼저 '한 줄기의 빛'은 우주의 모든 것에 해당하는 빅뱅(big bang)과 상통한다. 그리고 '하나의 돌'은 빅뱅 이론을 낳게 한 천재 과학자 알베르트 아인슈타인(Albert Einstein, 1879~1955)의 이름을 연상케 한다. 아인슈타인의 이름을 '아인(ein)'과 '슈타인(stein)'으로 쓰면 바로 독일어로 '하나의 돌'이란 뜻이 되기 때문이다.

어렸을 때 아이들은 일석이의 이름에 '돌'의 뜻이 있다고 해서 '원 리틀 투 리틀 스리 리틀 인디언스'라는 노래 가사에 맞춰 "돌쇠, 일석이, 돌대가리, 돌머리."라고 부르며 놀리기도 했다. 그러면 자못 불같은 성격의 일석이는 숨을 씩씩대며 대판 싸우곤 했다. 그러나 할아버지로부터 이름 풀이를 들은 뒤부터는 작전을 바꿔 두 팔을 활짝 펴면서 "아 엠 아인슈타인, 일석슈타인!"이라고 외쳤다.

"아인슈타인이 바로 '한 돌'이고 '일석'이다. 얌마, 알기나 하고 까부냐?"

그러면 놀리던 아이들은 금방 꼬리를 내리곤 했다. 나아가 신바람이 날 때면 열을 올리며 말했다.

"너 고주몽이 누군지 아냐, 박혁거세는 또 누구냐? 다 알 깨고 나왔잖냐? 근데 나는 돌을 깨고 나왔잖냐! 내가 얼마나 센지 알긋냐, 응?"

신화 속 위대한 인물이 알을 깨고 탄생했다는데, 돌을 깨고 나왔으니 앞으로 얼마나 더 위대해지겠느냐는 뜻이었다.

할아버지는 우주론의 권위자로서 세계적으로 이름을 떨치고 있었다. 하지만 할아버지는 여기에 만족하여 은퇴하거나 편히 지낼 생각은 없었다. 언젠가 쌍둥이의 아빠가 할아버지에게 말했다.

"아버지 연세도 이제 여든이 넘으셨는데 연구도 좀 쉬엄쉬엄 하시죠?"

그러자 할아버지는 정색하고 대답했다.

"지금 사람의 평균 수명이 몇 살이냐? 한 세기 하고도 20년, 무려 120년을 넘나든다. 그러니 난 아직 멀었어. 내 선배들도 얼마나 열심히 하는데……."

나이가 나이인지라 부스스한 백발을 휘날리지만 아직도 연구의 최전방에서 일할 수 있다는 게 할아버지의 생각이었다.

젊은 시절 할아버지는 딸과 아들 가운데 하나는 자신과 같은 일에 종사하기를 바랐다. 무엇보다 우주에 관한 연구야말로 가장 신비롭고도 흥미로울 뿐 아니라, 우주는 곧 모든 존재의 근본이므로 자연스럽게 인간의 가장 심원한 궁극적 의문과도 직결되는 분야라는 게 그의 지론이었다. 따라서 자식 또래와도 오랫동안 연구를 함께할 수 있게 된 오늘날, 자식과 함께 평생 이에 대한 대화를 나누며 연구하는 생활을 할 수 있으면 하는 꿈을 품었다. 하지만 할아버지의 기대와 달리 두 자식은 서로 다른 관심을 키우더니 평생의 직업도 다른 길에서 찾았다.

언젠가 쌍둥이는 고모, 곧 아빠의 누나에게 물어보았다.

"고모는 뇌 과학자라면서요? 왜 뇌를 연구하게 되셨어요?"

고모는 이 질문에 기다렸다는 듯이 대답했다.

"내가 어렸을 때 과학 순회 전시전에서 아인슈타인의 뇌를 본 적이 있어. 지금 생각해도 이상한 게, 다른 사람들은 그냥 쓱쓱 지나치는데, 나는 묘하게도 거기에 가장 마음이 끌리더라. 그래서 그때부터 나름대로 자료도 찾고 많은 생각을 하다가 결국 뇌에 관한 연구를 하기로 마음을 굳혔단다."

"아인슈타인은 왜 뇌를 남겼어요?"

"음, 그것은 좀 자세히 이야기해야 하는데, 들어 볼래?"

"네, 그럼요."

"아인슈타인은 과학자는 물론 다른 모든 위인 가운데서도 그의 사후 처리를 특이하게 한 사람에 속한단다. 그는 생전에 이미 위대한 천재 과학자로 추앙받았으면서도 실제로는 조금도 그렇게 대우받기를 바라지 않았지. 나아가 죽은 뒤에도 과학적 업적을 제외하고는 삶의 흔적은 아무것도 남기지 않으려고 했어. 그래서 아인슈타인이 생활했던 집이나 연구실은 기념관으로 꾸며지지 않은 채 지금도 다른 사람이 사용하고 있단다. 또한 그는 자신의 주검도 아무도 모르는 곳에서 화장하고 재도 그냥 흩뿌려 달라고 말했단다."

고모는 이 대목에서 말을 끊더니, 뭔가 머뭇거리다가 잠시 후 다시 말했다.

"사람들은 아인슈타인이 오직 자신의 뇌만 미래의 연구를 위하여 보존해도 좋다는 유언을 남겼다고 이야기해. 하지만 정확한 자료로는 뇌에 대해서도 특별한 유언을 남기지 않았을 가능성이 높단다."

"그건 그렇다 치고, 뇌에 대해서 좀 더 설명해 주세요."

"하이고, 오늘 뭔가 잘못 걸려든 것 같구나. 하지만 좋아. 너희도 한 번쯤 들어 두면 좋을 테니, 오늘 하는 데까지 이야기해 보자."

고모는 여기까지 말하고 커피를 한 모금 마신 다음 이야기를 이어 갔다.

"사람의 뇌는, 간단히 말하자면, '과학의 마지막 신비'라고 강조하고 싶다. 너희 소크라테스가 '너 자신을 알라.'라고 말했다는 건 배웠니?"

쌍둥이는 너무 쉬운 문제라는 듯, 목소리를 합쳐 우렁차게 대답했다.

"네!"

큰 소리에 깜짝 놀란 듯한 표정을 지은 고모는 반격하는 투로 말했다.

"근데 이 말은 교훈적 차원을 떠나 과학적으로 새로운 의미를 드러냈다는 점에서 더욱 흥미롭단다. 사실 눈부시게 발전한 현대 과학에서 가장 조금밖에 알려지지 않은 게 바로 '앎'이라는 현상이다. 생각해 봐라. 지금껏 너희가 학교에서 배운 과학은 주로 우리가 생각하는 것 이외의 세계, 곧 바깥쪽 세계에 대한 것들 아니었니?"

쌍둥이도 가만히 생각해 보니 그 말이 맞는 것 같았다. 지금까지 보았던 책과 영화 등에 나오는 과학 내용은 대부분 우리 뇌의 바깥 세상에 대한 것들이었다.

"아닌 게 아니라 정말 그래요."

"그렇게 오랜 세월이 흐른 뒤에야 수많은 과학자는 우리가 가진 지식의 뿌리를 탐구하게 되었단다. 바꾸어 말하자면 우리의 안쪽 세계에 관한 연구라고 할 수 있지."

그런데 이 말이 끝나자마자 일석이가 불쑥 내뱉었다.

"근데 우리는 어떻게 뇌로 생각해요?"

"우와, 정말 대단한 질문이다. 아니, 느그 같은 꼬맹이들이 어떻게 그런 질문을 다 하냐?"

일혁이는 순간 머리가 멍해졌다. 평소에 자기가 언제나 너 똑똑하다는 말을 들어 왔는데, 그리고 이 질문은 뚱딴지같을 뿐 아무것도 아닌데, 왜 고모는 이 질문이 대단하다고 저리 놀랄까?

"좋다, 아주 좋아. 우리는 뇌로 생각하지만 이 사실이 알려진 것은 인류 역사에 비춰 보면 뜻밖에도 아주 나중의 일이란다. 너희 가슴에 손을 대 보면 심장이 콩닥콩닥 뛰지? 옛날 사람들은 평소에는 심장이 조용히 뛰다가 놀라거나 기쁘거나 하면 막 빨리 뛰는 것을 보고 '우리의 마음은 심장에 있다'고 생각했단다. 지금도 사랑한다는 뜻을 나타낼 때 '하트' 표시를 하는 게 바로 이것 아니냐, 응?"

고모는 여기까지 말하고 얼굴을 쭉 내밀면서 '이제 알겠냐?'라고 묻는 듯한 짓궂은 표정을 지으며 쌍둥이를 천천히 차례대로 살펴보았다.

"옛날에 이집트 인은 미라를 만들 때 뇌를 제거했단다. 참 신기하지? 영혼이 있다고 믿었던 사람들이 그랬다니 말이지. 근데 이것은 그 시대 사람들이 인간의 영혼이 심장이나 다른 곳에 있다고 믿었기 때문이란다. 뇌가 의식을 담고 있는 곳이란 사실이 밝혀진 것은 훨씬 나중의 일이고, 그제야 비로소 뇌는 우리 몸에서 중심 부분으로 대우받게 되었단다."

일혁이는 이쯤에서 정신을 차려 나름대로 멋들어진 질문을 했다.

"저는 말이죠, 가끔 컴퓨터와 뇌가 비슷하다고 봤는데……. 책에도 그렇게 나와 있고요, 정말 그래요?"

"우와, 우와. 갈수록 태산이네. 아니, 우리 쌍둥이가 그런 생각도 했단 말이야?"

고모는 아주 과장된 표정과 몸짓을 지어 보였다. 하지만 실제로도 쌍둥이가 상당히 대견스러웠던 모양이었다.

“그렇지. 컴퓨터에는, 음…… 모니터, 키보드, 마이크, 카메라, 프린터 등이 달렸지? 근데 말이다, 컴퓨터 본체 안에는 ‘중앙처리장치’, 즉 CPU란 게 있단다. 알지? 이게 바로 컴퓨터 본체는 물론 주변의 모든 기기를 총괄적으로 제어한단 말이다.”

“아, 그러면 뇌는 그 CPU하고 같단 말이죠?”

“그렇지. 근데 말이다, 꼭 그렇지도 않단다.”

“아니 왜요? 그렇다면 그런 거지, 아닌 건 또 뭐예요?”

“옛날에 컴퓨터가 처음 만들어졌을 때 사람들은 뇌를 CPU에 비유해서 많은 이론을 만들어 냈단다. 그리고 그중 많은 이야기는 나름대로 일리가 있었지. 하지만 뇌와 CPU 사이에는 한 가지 결정적인 차이점이 있단다. 너희 혹시 뇌가 ‘뉴런’이라는 신경세포로 이루어졌다는 것 아니? 컴퓨터 CPU의 내부에는 ‘CPU의 CPU’라고 할 수 있는 또 다른 핵심부가 있단다. 하지만 뇌는 그렇지 않지. 뇌는 약 140억 개에 이르는 신경세포로 이뤄져 있지만 핵심부는 없어. 말하자면 뇌는 아주 민주적인 사회란다. 우리의 의식은 수많은 신경세포의 조화로운 총체로서 발현될 뿐 그 어떤 독재적인 요소에 지배되지 않는단다.”

고모는 이 대목에서 잠시 말을 멈추었다. 갑자기 말이 어려워진 탓에 쌍둥이가 잘 알아들었는지 걱정이 되었기 때문이었다. 그러나 한편으로는 '지금 좀 못 알아들어도 상관없지. 언젠가 이때 기억이 떠올라 새삼스레 이해할 수도 있으니까.'라는 생각이 떠올라 좀 위안이 되었다. 하지만 쌍둥이의 말문이 잠시 막힌 것을 본 고모는 아무래도 좀 더 쉬운 비유를 하는 게 좋겠다고 생각했다.

"얘들아, 뇌에 있는 신경세포의 작용과 비슷한 현상은 자연계에서도 많이 발견된단다. 하나 이야기해 줄까?"

"네!"

어떻게든 고모의 이야기를 이해해 보려고 애쓰던 쌍둥이는 뭔가 실마리가 있다는 게 반갑다는 듯 다시 크게 목소리를 높여 대답했다.

"남태평양의 파푸아뉴기니에 사는 개똥벌레는 밤을 현란하게 장식하는 것으로 이름이 높단다. 열대우림에 사는 이 개똥벌레는 밤이 되면 맹그로브 나뭇잎에 모여들지. 초저녁에는 한두 마리가 빛을 뿜기 시작하는데, 밤이 차츰 깊어지면서 수백 수천으로 늘어나고, 마침내 한밤중이 되면 거대한 무리를 이룬단다."

쌍둥이의 눈은 고모의 이야기에 담긴 신기함에 홀려 마치 개똥벌레의 꽁무니에 달린 불처럼 반짝거렸다.

"근데 더욱 신기한 건 말이다. 그 많은 개똥벌레가 마치 어느 한 지휘자의 손끝을 따르는 양 단 한 치의 오차도 없이 정교한 리듬에 맞추어 빛을 뿜었다가 암흑을 만들곤 한단다. 게다가 그 숨 막히도록 아름다운 광경을 2초에 3회꼴로 반복하지. 그것은 자체로도 장관일 뿐 아니라 어찌하여 그 큰 집단이 그토록 경이로운 동기화를 이루는지 정말 깊은 수수께끼가 아닐 수 없다."

쌍둥이의 입에서는 자기도 모르게 탄성이 흘러나왔다.

"우와, 보고 싶어요, 가고 싶어요."

고모는 이야기를 마무리 지었다.

"우리 뇌에 있는 신경세포들도 이와 비슷하단다. 백억 개가 넘는 세포들이 지휘자도 없는데 서로 협동하여 반짝거리면서 우리의 생각을 만들어 낸단다. 고모는 이처럼 아인슈타인의 뇌를 본 뒤 신비로운 뇌의 세계에 갈수록 매료되었단다. 그래서 평생 이 길을 가게 됐지."

고모의 말을 듣고 난 쌍둥이는 찬란한 뇌의 세계가 눈앞에 보이는 듯했다. 생각할 때마다 엄청나게 많은 세포가 아름답게 반짝거린다니 '왜 우리의 생각은 이렇게 만들어지게 되었을까?', '앞으로 이 불빛들로 무슨 생각을 할까?', '도대체 우리의 생각이란 무엇일까?', '앞으로 어떻게 살아갈까?' 등의 생각이 꼬리에 꼬리를 물었다.

쌍둥이의 아빠는 할아버지나 고모에 비해 훨씬 낙천적인 성격이었다. 아빠는 어렸을 때부터 뭔가에 한 번 빠지면 헤어나기 어려울 정도로 깊이 빠져들곤 했다. 그래서 기계를 분해하고 조립하든, 그림 조각 맞추기 퍼즐을 하든, 완전히 끝장을 볼 때까지 물고 늘어졌다.

어느 날 거실에서 생각에 빠져 자신들이 앞에서 얼쩡거려도 알아차리지 못한 아빠에게 쌍둥이가 시비를 걸었다.

"아빠, 뭐 생각하셈?"

"어이구, 내 똥강아지들. 아빠 땜에 심심혀?"

아빠는 쌍둥이들을 '똥강아지'라고 부르곤 했다. 쌍둥이가 갓난 아기일 때 만날 '먹고, 싸고, 자는' 생활만 되풀이하면서도 귀엽기 이를 데 없이 구는 게 영락없이 우리나라의 똥강아지처럼 보였기 때문이었다. 아빠 생각에 세상 강아지 가운데 가장 귀여운 것은 단연 우리의 재래종 똥강아지였다. 아빠의 이런 말을 들은 주위 사람들은 "쌍둥이가 똥강아지면 애 아빠는 뭐지?"라고 놀렸다. 그러면 아빠는 "난 똥개도 졸업했쥐. '미운 오리새끼'가 백조 되듯 변신한 게지."라고 맞받아치곤 했다.

"고모가 그러는데 아빠는 어렸을 때부터 뭔가에 잘 빠져들었다면서요?"

"그랬쥐. 근데 사실, 잘 생각해 봐라, 누구나 마찬가지야."

아빠의 지론에 따르면, 뭔가에 깊이 빠져드는 것은 아빠만의 독특한 성격이 아니며, 사람은 누구나 뭔가에 깊이 빠져들게 마련이라고 했다.

"마찬가지는 마찬가진데, 바람직한 일에 빠져들면 사람들은 '저 아이는 뭔가 해 보려는 의욕이 넘치고, 집중력이 뛰어나고, 인내심이 강하다'고 좋게 말하지. 하지만 언뜻 보기에 바람직하지 못한 일에 빠져들면 '저 아이는 할 일은 안 하고, 해 보려는 마음도 없고, 쉽게 싫증 내고, 자꾸 엉뚱한 짓에 한눈을 판다'고 좋지 않게 말하는 것뿐이란다. 그렇지 않니?"

쌍둥이는 만날 놀러나 다니고 게임이나 좋아하는 게 잠시 마음에 찔렸지만 가만 생각해 보니 아빠 말이 정말 옳은 것 같았다. 그래서 조심스레 다시 물어봤다.

"아빠는 그럼 하시는 일이 좋아서 열심히 하세요?"

"아, 거럼, 말이고말고. 얌마, 아빠가 가장 좋아하는 과학자가 누군지 아냐?"

"누구예요?"

"'아인슈타인 이후 최고의 천재'라는 말을 들었던 리처드 파인만(Richard Feynman, 1918~1988)이란 과학자란다. 파인만은 '왜 과학을 하는가?'라는 질문에 조금도 주저함이 없이 '즐겁기 때문'이라고 대답했단다."

쌍둥이는 자기네 경우와 비교해 보느라 눈을 치켜뜨고 잠시 생각에 빠졌다. 아빠도 쌍둥이의 그런 모습을 물끄러미 바라보다가 말을 이었다.

"야, 쫌 재미있는 이야기해 줄까?"

"네!"

문득 생각에서 깨어난 쌍둥이가 눈을 찔끔 감으며 큰 소리로 대답했다.

"너희 '철학'이 뭔지 아냐? 자세히는 몰라도 대충 말뜻 정도는 알지? 파인만의 절친한 동료로 파인만 못지않은 천재인 머리 겔만(Murray Gell-Mann, 1929~)도 과학 자체만 즐긴 사람으로 유명했는데, 사람들이 자꾸 귀찮게 굴었단다. 사람들이 겔만에게 '박사님의 업적에 담긴 철학적 의의는 무엇입니까?'라고 묻곤 했지. 그래서 겔만은 의사에게 부탁해서 아예 진단서를 하나 끊어 이런 사람들에게 보여주었는데, 거기에는 '철학적 질문은 이 환자에게 치명적임.'이라고 적혀 있었단다. 으하하하."

아빠는 이야기를 마치고 정말 통쾌하다는 듯 크게 웃어 제쳤다. 쌍둥이는 잠시 어리둥절했다. 하지만 아빠가 너무 즐거워하므로 무슨 뜻인지 다시 설명해 달라고 했고, 결국 나름대로 충분히 이해한 다음에는 "에, 별로네."라며 혀를 메롱 하면서도 그럭저럭 재미있어했다.

"야, 똥강아지들! 그나저나 느그들 나중에 커서 어떤 사람으로 변신할 거냐?"

그러자 일혁이는 과학자, 일석이는 우주 비행사라고 대답했다. 지금까지 어른들이 수없이 물어봤고, 아빠도 자꾸만 물어봤으며, 적어도 지금까지는 쌍둥이의 대답도 한결같았다.

"어이구, 그래? 일편단심이군. 우리 집안은 삼대가 과학자야. 경사 났네, 경사 났어."

그런데 이어서 아빠는 갑자기 조금 심각한 얼굴을 했다. 그러고는 지금껏 들어 보지 못한 이야기를 했다.

"너희, 장래 희망을 정할 때 가장 중요한 게 뭔지 아니?"

"글쎄요."

쌍둥이는 아빠의 갑작스런 변화에 조금 움찔했다. 그러고는 아빠는 이어서 설명했다.

"가장 중요한 것은 말이야, '자기 자신을 아는 일'이란다. 자, 기왕 오늘 이야기 좀 하게 되었고, 너희도 이제 어느 정도 알아들을 만한 나이가 되었으니까, 오늘은 여기에 대해 이야기 좀 하자."

갑자기 진지해진 분위기에 마음이 부담스러워진 쌍둥이는 어떻게든 빠져나가 보려고 했다.

"으아, 소크라테스 이야기는 지난번에 고모도 했는데……."

"그래? 뭔 이야기였는데?

쌍둥이의 설명을 들은 아빠는 "얌마, 내 이야기는 그것과 달라."라고 말했다.

"사람들은 매일 거울을 보고 용모를 가다듬지?"

"네."

"그래서 사람들은 자신의 얼굴을 자기가 아주 잘 알고 있다고 생각하지. 그런데 가끔씩 다른 사람이 찍은 사진이나 비디오에 나오는 자기의 모습을 보면 어딘지 매우 어색하거나 서먹서먹한 기분을 느낀단다. 너희도 그런 경험이 있지?"

"네."

"왜 그런지 아니?"

"글쎄요."

"우리가 거울을 보고 용모를 가다듬을 때는 스스로의 모습을 보면서 자기의 마음에 드는 모습과 옷차림으로 가꿔. 하지만 다른 사람과 있을 때는 그런 사실을 잊고 평소 지내던 대로 행동하는데, 이게 우리가 거울 앞에서 다듬던 모습과는 사뭇 다르기 때문이란다."

"아, 그렇구나."

"그뿐만이 아니야. 우리는 말을 할 때마다 자신의 목소리를 들으므로 이것도 잘 알고 있다고 생각하지. 하지만 자기 목소리를 녹음한 뒤 들어 보면 그냥 들었을 때와 아주 다르게 들린단다. 평소에 듣는 우리 목소리는 '성대에서 공기를 통해 고막으로 전달되는 소리'에다가 '성대에서 머리뼈의 진동을 통해 고막으로 전달되는 소리'가 합쳐진 것이기 때문이지."

"정말 그러네요."

"이처럼 사람은 자신의 모습이나 목소리를 정확히 알기가 뜻밖에도 몹시 어렵단다. 하물며 겉으로 잘 드러나지 않는 우리의 마음은 오죽하겠냐? 그래서 사람은 정말로 자기가 가장 좋아하는 게 뭔지 알기가 어려워. 아빠는 말이다, 지금 너희가 품은 희망도 얼마든지 좋아. 그런데 너무 거기에 얽매이면 안 된다. 앞으로 모든 것을 열린 마음으로 보면서, 정말로 가장 좋아하는 것을 찾아야 해. 도중에 부모님이나 선생님이나 친구 등 주위 사람들의 이야기도 귀담아들어야 한다. 그런 사람들이 너희에 관해 더 잘 알고 있는 것도 있으니까 말이다. 내 말 잘 알긋냐?"

아빠는 조금 전까지의 심각한 분위기와 달리 끝마무리는 장난스럽고 가볍게 했다. 그래서 쌍둥이의 기분도 덩달아 가벼워졌다.

할아버지는 뇌 과학자와 우주 기술자로 살아가는 두 자식의 인생행로를 흐뭇한 마음으로 지켜보았다. 비록 자신의 염원을 자식을 통해 이루지 못했지만, 그 아쉬움만 빼놓고는 아무런 불만이 없었다. 그러나 언젠가 식구들이 모인 자리에서 우연히 화제가 비슷한 곳으로 흘렀을 때 할아버지는 불현듯 말했다.

"세상에 뜻대로 안 되는 게 자식 농사!"

그러자 고모는 괜히 미안해하는 모습을 보였다. 하지만 아빠는 바로 되받아 쳤다.

"아이고, 아버지는 욕심도 많으셔. 아, 누나나 저 정도면 원조 아인슈타인 자식들보다야 훨씬 낫잖아요"

그러자 할아버지는 괜히 이야기를 꺼냈다는 듯이 얼버무렸다.

"아, 누가 뭐래? 내 말은 나도 그렇지만 원조 아인슈타인은 더욱 그랬다는 뜻이기도 하다니깐……."

쌍둥이의 할아버지는 개인적으로 아인슈타인만한 큰 성공을 거두지는 못했지만 반대로 큰 고난도 없는 무난한 세월을 보냈다. 그래서 나름대로는 행복한 인생이었다고 평가하면서 자식들에 대한 아쉬움을 달랬다. 정신 분열증에 걸린 둘째 아들 때문에 평생 큰 정신적 고통을 당한 아인슈타인보다는 얼마나 다행스러운 일인가!

하지만 세월이 흐르자 할아버지의 기대는 다시금 피어나기 시작했다. 옛날 같으면 자식에게 바라는 게 이뤄지지 않으면 포기할 수밖에 없었다. 그러나 인간의 수명이 늘어나다 보니까 손자 세대에도 기대를 걸어 볼 수 있게 되었다. 그러던 중 쌍둥이의 태몽을 듣자 할아버지는 자신의 기대가 그저 막연한 것만은 아니라고 여기게 되었다. 물론 그렇다고 해서 손자들의 삶에 일일이 관여할 생각은 없었다. 설령 그게 가능하다고 해도 자연의 섭리를 거스르면 안 된다. 따라서 지금껏 그랬던 것처럼 자연스럽게 지켜보되, 손자들에게 자신의 도움이 필요한 때가 오면 최선을 다할 준비를 차질 없이 갖춰 가고자 했다.

[1] 물은 수소 원자 2개와 산소 원자 1개가 결합되어 만들어진다. 핵융합(核融合, nuclear fusion) 발전에서는 수소가 중요한데, 보통의 수소는 양전기를 띤 '양성자' 1개와 음전기를 띤 '전자' 1개로 만들어진다. 하지만 어떤 수소는 전기를 띠지 않은 '중성자'를 1개 또는 2개를 더 갖기도 하며, 이런 수소를 각각 중수소와 삼중수소라고 부른다. 다시 말해서 보통의 수소는 '양성자 1개 + 전자 1개', 중수소는 '양성자 1개 + 전자 1개 + 중성자 1개', 삼중수소는 '양성자 1개 + 전자 1개 + 중성자 2개'로 되어 있다. 전자의 무게를 1이라고 할 때 양성자와 중성자의 무게는 약 2000 정도이다. 따라서 무게의 비는 '보통 수소 : 중수소 : 삼중수소 = 1 : 2 : 3' 정도이며, '중수소'와 '삼중수소'라는 말은 여기에서 유래했다.
핵융합 발전은 중수소와 삼중수소를 이용하는데, 이 두 가지를 섞은 연료 1그램으로 대략 시간당 10만 킬로와트(kW)의 전기를 생산할 수 있다. 중수소는 바닷물 1리터에 0.03그램 가량 들어 있지만 이것만으로도 약 300리터의 휘발유와 맞먹는 에너지를 얻을 수 있다. 따라서 인류의 에너지 소비량과 비교해 볼 때 중수소의 양은 사실상 무한정이다. 삼중수소도 바닷물에 소량 들어 있지만 핵융합에서는 리튬(lithium)이란 원자를 핵번환해서 만든다. 리튬 역시 21세기 초를 기준으로 대략 1500만 년 이상 쓸 수 있을 만큼 매장되어 있다.
핵융합 발전이 적은 연료로 위와 같이 큰 에너지를 발생시키는 까닭은, 아인슈타인이 제시한 것으로 과학의 전 분야를 통틀어 가장 유명한, $E=mc^2$이라는 식에서 찾을 수 있다. 핵융합 발전은 '중수소 + 삼중수소 → 헬륨 + 중성자'라는 핵반응을 이용하며, 이때 연료로 쓰이는 중수소와 삼중수소의 질량 중 일부가 에너지로 바뀐다. 이때 이 '질량(m)'에 '광속의 제곱(c^2)'이라는 엄청나게 큰 값이 곱해져서 '에너지(E)'로 바뀌기 때문이다.

빛과 함께 달리기

2

"야, 네 동생 짱이던데!"

일혁이 뒤로 다가온 승현이가 재미있다는 표정으로 말을 건네왔다.

"아, 너구나. 근데 왜?"

일혁이는 뭔가 또 흥미로운 일이 벌어졌다는 느낌에 되물었다. 묘하게도 자기에게는 별일이 일어나지 않는 곳이라도 일석이가 가면 뭔 일이 생기곤 했던 게 지금까지의 경험이었다.

"네 동생 이름이 일석이 맞지? 걔가 상호를 살짝 엿 먹였다더라."

승현이는 어제 벌어졌던 '니 디질래?' 사건을 이야기해 주었다. 일혁이는 듣고 보니 일석이에게 어울리는 일이 일어났다는 생각과 함께 웃음이 터져 나왔다.

"갠 원래 그래. 글치만 인상에 속아서 잘못 짚은 사람들이 참 많~지."

이처럼 쌍둥이는 서울 아이들의 텃세를 무난히 극복하고 잘 적응하며 지냈다. 사실 서울과 지방의 차이가 거의 사라졌기에 텃세도 예전처럼 드세지 않았다. 교통이 워낙 편리해져서 지방 사람도 마음만 먹으면 얼마든지 서울을 둘러볼 수 있었고, 그 점은 서울 사람도 마찬가지였다. 다만 주된 생활권이 어디인가에 따라 약간의 차이가 있었다. 그 차이 정도가 각 지방 고유의 특성으로 반영된 것뿐이었다.

하지만 쌍둥이는 아직 어렸으므로 이사를 가는 게 뭔가 부담스러웠던 모양이다. 떠나기 전 어느 날 저녁, 처음 이사 이야기가 나왔을 때 쌍둥이는 입을 모아 가기 싫다고 말했다.

"엄마, 꼭 가야 돼? 아빠만 '케이튜브'로 출퇴근하면 안 될까?"

"얌마, 아무리 세상이 좋아졌다 해도 한 시간 반 정도는 걸리는데 날마다 어떻게 다니니?"

"그럼 주말 부부로 지내도 되잖아?"

"그것도 생각은 해 봤지. 그렇지만 아무리 짧게 잡아도 3년은 넘을 텐데…… 너무 길지 않냐?"

쌍둥이네가 서울로 이사 가게 된 데에는 아빠가 참여하는 프로젝트가 상당히 장기간에 걸친 계획이란 점이 가장 큰 이유로 작용했다. 이 프로젝트는 의정부에 있는 우주 센터 연구소에서 진행될 예정이었다. 달나라 여행이 자유로워진 요즈음 지구 안의 교통도 아주 편리해졌다. 특히 한국처럼 영토가 작은 나라에서는 더욱 그랬다. 전국

이 '케이튜브'라고 불리는 교통수단으로 거미줄처럼 연결되어 '1시간 생활권'이 되었다.

케이튜브는 '코리아튜브'를 줄여서 부르는 말인데, 초고속 자기부상열차로 이루어진 교통 체계를 가리킨다. 고흥 시내와 우주 센터를 연결하는 자기부상열차는 가까운 거리를 왕복하므로 개방된 선로 위에서 운행해도 별문제가 없다. 그러나 연결되는 구간의 거리가 멀어지면 열차의 속도도 빨라지고 그에 따라 여러 가지 문제가 일어난다. 그 가운데 속도의 제곱에 비례해서 강해지는 공기 저항이 가장 큰 문제이고, 기타 새나 벌레들과의 충돌, 그리고 선로 및 열차에 대한 우연적인 장애물 등도 있다. 그래서 케이튜브는 선로 전체를 투명하면서도 튼튼한 자재로 감싸고 내부의 공기 압력을 줄여서 운행한다. 이렇게 공기 저항이 줄고 안전해져서 모든 사람들이 만족스러워했다. 하지만 케이튜브를 이용하더라도 고흥의 집에서 의정부 연구소까지는 두 번의 환승 시간까지 고려하면 한 시간 반 정도가 걸리고 번거롭다.

"그런데…… 아빠가 하실 일이 정확히 뭐예요?"

아빠는 잠시 난감한 표정을 지었다. 이미 며칠 전부터 쌍둥이에게 앞으로 할 일에 대해 한번쯤 잘 설명해 주려고 했지만 대개의 일들이 그렇듯 이 일도 쉽게 설명한다는 게 쉬운 일이 아니기 때문이었다.

"그러니까 아빠가 할 일은, 한마디로 말하자면, 시공간의 터널을 넓히는 거야."

아빠는 우리가 사는 세상, 곧 이 우주라는 게 공간과 시간으로 되어 있으며, 이것을 합쳐서 '시공간(時空間, spacetime)'이라 부른다고 말했다. 예전에는 고개를 넘거나 빙 돌아가야 했던 산 너머 마을을 이제는 터널을 뚫어 빠르게 갈 수 있는 것처럼, 우주에서 멀리 떨어진 곳도 '시공간 터널'을 이용하면 짧은 시간 안에 오갈 수 있다고 설명했다.

"산 너머 마을로 갈 때는 산에 터널을 뚫는다는 게 이해가 되는데, 텅 빈 우주 공간 어디에다 터널을 뚫는다는 거예요?"

"우리가 보기에 텅 빈 허공이라도 엄청난 에너지가 모여 있는 곳이 있단다. 그런 곳에는 이미 터널이 뚫려 있기도 하지. 또 필요하다면 특별한 방법을 써서 터널을 뚫을 수도 있지."

"그런데 그런 터널을 넓힌다는 것은 뭐예요?"

"시공간 터널은 어느 한쪽의 시간과 공간에서 다른 한쪽의 시간과 공간으로 가는 길이야. 따라서 쉽게 말하자면 길을 충분히 넓게 만들어서 지나다니는 차들이 잘 다니도록 해야지. 물론 여기서 말하는 차들은 '시공간 여행 우주선'이고, 그냥 간단히 '타임머신'이라고 해도 된단다."

"아니, 그러면 지금껏 말로만 들어 왔던 타임머신을 아빠가 만든

단 말이에요?"

"글쎄, 꼭 그렇다는 것은 아닌데……. 이 프로젝트는 아주 규모가 크고, 아빠는 그중 아주 작은 일에 참여하는 거야. 그러니까, 아빠가 다 만드는 것은 아니고 쪼~끔 만든다고 할 수도 있지."

쌍둥이는 풍선이 크게 부풀었다가 갑자기 바람 빠지는 기분이 들었다. 하지만 이 정도만 해도 친구들에게 충분히 자랑할 수 있다는 생각이 들자 그런 대로 위안이 되었다.

결국 "좋아요, 가요, 가."라고 먼저 동의한 사람은 일혁이었다. 신기하게도 단 몇 분 차이로 형이 되었을 뿐인데도 일혁이는 어딘지 의젓했다. 그래서 마음에 들지 않지만 어쩔 수 없다고 여겨지면 일혁이부터 선선히 받아들였다. 이야기가 이렇게 돌아가자 내키지 않아 하던 일석이도 마침내 수그러들었다.

"으아, 드뎌 형아까지, 증말 왕짜증이네. 그래도 할 수 없지. 그래요, 가 보자고요."

이를 본 부모님은 서로 눈빛을 주고받으며 안도하는 표정을 지었다. 부모님은 쌍둥이를 결국 설득할 수 있을 것이란 점에 대해 걱정한 적은 없었고, 또 일혁이가 먼저 따라 주리라는 것도 예상했다. 문제는 가시 같은 성격의 일석이었다. 일혁이에 비해 일석이는 올곧고 직선적이었다. 그래서 일석이는 제 기분에 들고 흡족할 때는 한없이 사근사근 굴다가도 한번 뒤틀리면 가시처럼 따끔따끔 찌르면서 까다롭게 굴었다. 그럴 때면 부모님은 "으이그, 저 까시 돋친 똥강아지. 어쩌면 저리 까탈시럽냐. 도대체 누굴 닮은 거야."라며 다른 방법을 찾거나 다시 적당한 때까지 기다렸다가 달래서 이끌곤 했다.

그런데 일혁이가 생각보다 쉽게 동의한 데에는 다른 이유도 있었다. 일석이가 고흥 주변을 샅샅이 훑으면서 그곳 환경에 흠뻑 취해 살아가는 것을 즐긴 반면, 일혁이는 막연히 서울의 화려한 생활을 동경하는 마음이 있었다. 일석이는 유치원 시절부터 밖에서 놀다 오기만 하면 어디서 묻혀 오는지 머리끝에서 발끝까지 흙먼지투성이인 경우가 잦았다. 그러나 일혁이는 일석이와 함께 나돌아 다닐 때가 아니면 옷차림이 별로 더러워지지 않았다. 일석이는 옷을 입거나 신발을 신을 때 아무것이든 잘 착용했지만, 일혁이는 꽤 좋은 것들만 찾으며 까다롭기까지 했다. 어쩌면 이런 성향의 차이가 도시 생활에 대한 선호에도 반영되었던 것으로 보이는데, 서울 여행도 거의 언제나 같이 다녔으므로 이 밖에는 그 차이를 설명할 도리가 없었다.

서울에 온 쌍둥이 가족은 북한산 자락의 그린빌에 보금자리를 마련했다. 그린빌은 '푸른 마을'이라는 뜻의 합성어로 자연 환경을 최대한 살린 현대식 타운하우스 지역이다. 본래 사람은 이웃이 너무 멀면 그리워하고 너무 가까우면 부담스러워하기 마련이다. 그린빌의 타운하우스는 단독 주택과 아파트의 중간 형태이므로 이 두 가지 장점을 살려 사람의 본성을 잘 만족시켰다. 이에 따라 사생활과 이웃과의 공동생활 및 자연 환경을 모두 적절히 즐길 수 있는 그린빌의 인기는 시간이 갈수록 높아져 요즈음에는 가장 흔한 주거 형태가 되었다.

서울을 비롯한 대도시 교통은 지하 몇 층에 이르는 지하철, 자동으로 안내하는 전기차가 속하는 지상 교통, 주변의 주요 도시를 빠르게 연결하는 케이튜브 등으로 구성되어 혼잡이 거의 없다. 특히 케이튜브의 특별한 종류인 '스카이튜브'는 시내 각 지역의 요처에 지상 1000미터 높이로 지은 초고층 빌딩과 아름다운 기하학적 도형의 형태로 연결되어 있으며, 지상 교통까지는 초고속 엘리베이터로 연결되어 있다. 그리하여 낮과 밤을 통해 그 자체로 특유의 아름다움을 뽐낼 뿐 아니라 이용객이 시야가 미치는 곳까지 드넓게 펼쳐진 장엄한 풍경을 감상하게 해 준다.

"엄마, 저기 쌍둥이 오빠들 온다."

어느 토요일 오후 쌍둥이는 엄마와 함께 서울 나들이를 나섰다가 옆집 애지네와 마주쳤다. 고애지는 4학년이고, 쌍둥이와 같은 6학년인 승현이의 동생이다. 넷 모두 같은 학교에 다닌다.

"아유, 쌍둥이 어머니, 어디 가세요?"

"서울 지리도 익힐 겸 스카이튜브 타고 시내 관광 좀 하려고요."

"아, 그래요. 그럼 우리 같이 가실래요? 마침 우리도 '남산스피어'

에 놀러 가는데요."

"어머나, 정말 잘 됐네요. 우리도 먼저 그곳에 들렀다가 다른 데도 구경할까 생각했거든요."

남산스피어는 서울 스카이튜브의 한가운데에 있다. 본래 남산은 해발 262미터인데, 여기에 다시 1500미터 높이의 뾰족한 탑을 세우고 창이란 뜻의 영어 단어를 덧붙여 남산스피어라고 불렀다. 서울의 스카이튜브는 남산스피어 중간의 해발 1000미터 높이에서 대략 방사상으로 펼쳐져 있다. 또한 이 탑의 꼭대기에는 황홀한 전망대가 있고, 주위에는 여러 가지 볼 것도 많아 많은 사람에게 즐거운 놀이터이자 편안한 쉼터가 되었다.

두 집 엄마끼리 이야기를 나누는 동안 아이들은 이미 재잘거리며 자기네끼리 앞서 가고 있었다. 그래서 이 나들이는 마치 처음부터 아빠만 빠진 채 함께 나선 것처럼 되어 버렸다.

"아유, 애지는 어쩜 저리 깜찍하게 예뻐요?"

"아이, 뭘요. 제가 보기엔 쌍둥이가 훨씬 훤한데요."

"어휴, 저놈들 뒤치다꺼리가 얼마나 힘든지, 그런 건 생각할 틈도 없어요."

"정말 그렇겠네요. 하나 키우는 것도 힘든데, 드센 사내아이를 한꺼번에 둘이나 키우려면 얼마나 힘들겠어요."

이 또래의 아이를 가진 엄마라면 누구나 떠올릴 수 있는 화제가 얼마든지 많았으므로 두 엄마는 쉽게 친해질 수 있었다.

"그런데, '애지'란 귀여운 이름을 어떻게 지었어요?"

"아, 그거요. 호호호. 사실은 생각하면 좀 우스워요. 애지 낳기 전, 그러니까 승현이가 한두 살 때 어쩌다 한 번씩 울면 뭐라고 소리를 지르곤 하더라고요."

호기심이 당긴 쌍둥이 엄마는 자신도 모르게 물었다.

"아, 그랬어요? 뭐라고 울었는데요?"

"승현이야 제 딴에는 뭔가 서러워서 심각하게 울었겠죠. 근데 애 아빠와 제가 보기에는 꼬맹이가 서럽게 우는 게 오히려 좀 코믹하더라고요. 그리고 그 우는 소리가 우리 귀에는 꼭 '애지야! 애지야!'라고 부르는 것처럼 들렸어요."

"아, 그래요. 호호호."

"그 소리를 가만히 듣고 있던 애 아빠가 글쎄 '여보, 내 귀에는 아무래도 저놈이 지 누이동생 이름을 부르는 것 같은데…….'라고 그러더라고요."

여기까지 들은 쌍둥이 엄마는 허리를 잡고 웃음을 터뜨렸다.

"아이고, 그래서…… 승현이 울음소리를 따서 애지 이름을 지었단 말이지요?"

"예. 애 아빠가 그 소리를 듣더니 갑자기 일어나서 한자 사전을 막 뒤적거리더라고요. 그리고 한참 지나서 울음소리에 딱 어울리는 한자, 쑥 애(艾), 지초 지(芝)라는 두 글자를 찾아냈어요. 그래 갖고 결국 '애지'로 낙착 봤지요."

이야기가 이쯤 이르렀을 때 앞서 가던 애지가 갑자기 뒤를 돌아봤다. 어쩐지 꼭 자기 이야기인 듯했는데, 엄마들 표정이 아닌 게 아니라 그랬다. 하지만 쌍둥이 엄마가 함께 있었기에 화를 내기도 곤란했다. 애지는 샐쭉한 얼굴을 하더니 엄마를 향해 혀를 메롱 내밀었다. 더 이상 자신의 이름을 갖고 놀리지 말라는 신호였던 셈이다. 그런 다음 얼른 몸을 돌려 오빠들 사이로 끼어들었다. 그러고는 오빠들 표정을 살폈는데, 오빠들은 자기네 이야기에 정신이 팔려 아무것도 모르고 있어서 다행으로 여겼다.

남산스피어의 꼭대기 전망대에 오르자 웅대한 전경이 발아래부터 끝이 어딘지 모를 데까지 장엄하게 펼쳐졌다. 전망대의 가장 바깥쪽 바닥을 특별히 투명한 강화플라스틱으로 만들어서 사람들이 그곳에 서면 하늘에 둥둥 떠 있는 듯한 느낌을 받게 했다.

두 엄마는 아이들에게 "뛰지 말고 조용히 놀아라"고 했지만 이미 아이들은 저 멀리 뛰어나간 뒤였다. 만일 두 가족이 따로 왔다면 엄마들은 아이들에 시달려 곧 피곤해졌을 것이다. 하지만 아이들은 몇 층으로 된 드넓은 전망대를 오르내리면서 자기네끼리 잘 놀았고 일일이 보살필 나이도 아니었으므로 엄마들은 온갖 수다를 떨며 나름대로 재미있는 시간을 보낼 수 있었다.

그런 식으로 얼마나 시간이 흘렀을까. 날씨가 서서히 꾸물꾸물해지더니 하늘이 점점 어둑어둑해졌다. 그리고 어디선가 우르릉 우르릉 하는 소리가 들려왔다.

"어머나, 아침 일기 예보에 오후 늦게 소나기가 올 것 같다고 하더니……."

"그러게 말이에요. 이제 아이들을 찾아볼까요?"

두 엄마는 전망대를 따라 돌면서 아이들을 찾아 나섰다. 저녁 무렵에 접어든 하늘은 먹구름이 몰려오자 금세 시커메졌고, 천둥과 번개가 갑자기 몰아쳤다.

"우르릉, 번쩍, 꽝!"

두 엄마는 엄청난 소리와 섬광에 깜짝 놀라며 서로를 쳐다보았다. 그러나 잠시 놀라기만 했을 뿐 걱정한 것은 아니었다. 첨단 과학의 산물로서 온갖 경우의 수를 다 고려하여 지은 이 구조물이 이런 정도에 영향을 받을 리는 없었기 때문이다. 하지만 아이들의 경우는 다를 수 있었다. 그래서 좀 더 서둘러 걸었다. 그런데 순간 다시 더 큰 번개가 번쩍이고 곧바로 아까보다 더 큰 천둥이 공기를 쩡쩡 울렸다.

"오빠, 나 무서워."

애지는 승현이의 옷자락을 붙들었다. 승현이도 사내아이라 어지간한 천둥 번개에는 끄떡도 하지 않았지만 조금 전의 것은 정말 엄청났다. 그래서 한 손으로는 애지의 손을 잡고 다른 손으로는 일혁이를 끌어당겼다.

"야, 우리 엄마들 찾아보자."

놀라기는 일혁이도 마찬가지였다.

"그래, 그러자."

그런데 일석이를 찾으려고 주위를 돌아보던 아이들은 뜻밖의 모습을 보게 되었다. 일석이는 어찌된 일인지 전망대의 창문에 손을 대고 넋을 잃은 듯 바깥 광경을 쳐다보고 있었다. 아이들도 따라서 밖을 보았지만 그 순간에는 짙푸른 하늘을 배경으로 커다랗고 시커먼 구름만 널려 있을 뿐이었다.

"애지야!"

"쌍둥아!"

두 엄마가 아이들을 발견하고 다가왔다. 그런데 다음 순간 다시 전망 창이 확 밝아졌다. 애지와 엄마들은 또 움츠렸고, 승현이와 일혁이도 급히 엄마들 쪽으로 왔다. 하지만 일석이는 여전히 밖을 뚫어져라 쳐다보았고, 얼굴 표정은 기대와 기쁨에 넘쳐 있었다. 마치 번개에 첫눈에 반해 버린 것 같았다. 그러더니 잠시 뒤 뒤를 돌아보며 외쳤다.

"야, 저것 좀 봐! 번개가 구름 사이에서 왔다 갔다 한다."

두 엄마와 아이들 모두 일석이의 말에 잠시 어이가 없었다. 다른 사람들은 갑작스런 천둥 번개 때문에 은근히 겁에 질려 있는데 일석이 혼자서 오히려 그 광경을 즐기고 있지 않은가?

"아니, 석아. 너 그러다 뭔 일이라도 있으면 어쩌려고 창가에 붙어 있니?"

"예? 뭔 일은 뭔 일? 엄마, 저기 좀 봐요. 번개는 구름하고 땅 사이에서만 치는 줄 알았는데, 오늘 봤더니 구름과 구름 사이에서도 쳐요."

일행은 모두 일석이가 가리키는 곳을 내려다보았다. 서쪽 하늘의 지는 해를 배경으로 칠흑 같은 먹구름이 깔려 있었는데, 자세히 보는 순간 다시 번개가 쳤다. 그러자 그 어둡던 구름이 환해지면서 여러 개의 구멍 사이로 찬란한 빛이 쏟아져 나왔다. 그 아름다운 모습에 모두 짧은 탄성을 터뜨렸고, 일석이가 무엇에 홀렸는지 이해하게 되었다. 조금 후에 우르릉 쿠르릉 하면서 중간 정도의 천둥이 고막을 때렸다. 그런데 가만히 보니 구름 사이로 크고 작은 번개와 천둥이 계속 이어지면서 마치 빛과 소리의 장엄한 교향악이 울려 퍼지는 듯했다.[2]

"석아, 정말 아름답구나. 이런 광경은 처음이야. 하지만 아무리 그렇더라도 아까는 정말 아찔하던데 너는 아무렇지도 않니?"

"아~, 아까요? 그때가 훨씬 재미있었는데……. 그런 번개 다시 한 번 안 치나?"

그 순간 쌍둥이 엄마의 머릿속에는 일석이의 장래 희망이 떠올랐다. 아까 창가에 붙어 있던 일석이의 모습은 바로 언젠가 우주 비행사가 되어 우주선 창문 너머로 광대한 우주를 응시할 그 모습이 아닐까? 그런데 일석이의 그 모습이 엄마의 뇌리 속에만 남은 게 아니었다. 애지도 엄마 품에 안겨 일석이를 보았는데, 휘황한 번개에 비친 모습이 신비로움에 휩싸여 작은 눈망울 속 깊숙이 스며들어 왔다.

"자, 이제 비도 거의 그친 것 같고, 날도 저물었는데, 어디서 저녁이나 하고 들어갈까요?"

쌍둥이네는 본래 다른 곳도 둘러볼 생각이었지만 애지네와 만나서 지내다 보니 결국 모든 일정을 함께하게 되었다. 저녁을 먹고 난 뒤 집으로 돌아갈 때는 비 온 뒤의 신선한 공기를 흠뻑 들이켜게 되어 참으로 상쾌했다.

3년 뒤, 쌍둥이는 모두 같은 중학교에 다닌다. 그동안 공부도 열심히 해서 아는 것도 많아졌으며, 키도 멀쑥하게 자랐고, 용모도 제법 어른스럽게 변했다. 아무래도 가장 많이 달라진 것은 아직은 어설프지만 자꾸 어른스러워지는 행동거지였다.

"여보, 우리 똥개들 어디 갔지?"

"에고, 또 똥개래."

"아, 예전에야 '깨갱, 깽 깽 깽'거렸지만, 이제는 '으르릉, 왕 왕 왕' 하잖아. 그놈들 짖으면 집안이 우릉우릉 울리는 게 완전히 똥개들이라니까."

"짖는 것만 그래요? 쏘다니는 건 또 어떻고요."

아이들이 아주 어렸을 때는 부모 곁에서 떠날 수도 없었으므로 늘 같이 지냈고, 조금 컸을 때는 마치 태양을 도는 행성처럼 부모 주변을 맴돌며 지냈다. 하지만 언제부터인가 부모 주변에 보이는 횟수가 줄어들더니 요즘에는 꼭 있어야 하는 때에만 눈에 띄는 경우가 대부분이었다. 물론 그렇다고 아이들과 부모 사이가 멀어졌다는 뜻은 아니며, 다만 커 가는 과정에서 자연스럽게 자기 생활이 늘어났을 뿐이었다.

"그래, 오늘은 어딜 쏘다니지?"

"오늘 일요일이라 친구들과 할아버지께 다녀온대요."

쌍둥이가 서울로 간 뒤 발걸음이 한동안 뜸 하자 할아버지는 눈만 감으면 손자들 모습이 아른거릴 정도로 보고 싶었다. 집들이 때 서울에 가서 보고 오기는 했지만 우주 센터에서 마음껏 즐기며 노는 모습이 못내 그리웠다. 그래서 이사하고 나서 처음으로 쌍둥이 가족이 고흥으로 찾아왔을 때는 아예 하루 일을 제치고 함께 놀며 지내기도 했다. 그런데 언제부턴가 쌍둥이는 부모 없이 서울 친구들을 몰고 놀러 오곤 했다. 그리고 가끔씩 예전 시골 친구들까지 몰고 올 때면 은근히 번잡하기까지 했다.

"어이구, 우리 일……혁이냐, 석이냐?"

일요일이지만 아이들이 온다는 소식을 들은 할아버지는 특별히 바쁜 일도 없었기에 입체 영상을 내보내지 않고 직접 모습을 드러냈다. 그런데 할아버지가 쌍둥이를 보고 헷갈리자 친구들이 재미있어 했다.

"야, 쌍둥이야. 아인슈타인 할아버지도 못 알아보시네."

"할아버지가 눈이 좋지 않으셔서 그렇지, 인마. 너도 우리 보면 헷갈릴 때가 많잖아."

일혁이가 장난한 친구에게 대꾸했다. 그런데 뒤에서 애지 친구들이 까르르 웃자 잠시 당황했다. 여자 아이들에게까지 뭐라고 하기 곤란했던 일혁이는 조금 쑥스러운 표정을 지었지만 다시 기분 푸는 웃음을 지으면서 할아버지에게 돌아가며 말했다.

"아, 참, 할아버지한테 올 때는 꼭 유니폼을 입어야겠네."

일혁이가 말한 유니폼이란, 일혁이는 빨간색, 일석이는 까만색 옷을 입는 것을 말한다. 부모님은 쌍둥이가 어렸을 때부터 쌍둥이를 헷갈려 할 사람이 있는 곳에 데리고 갈 때면 "혁이는 불꽃, 석이는 바위!"라고 말하면서 이렇게 옷을 입혀 미리 혼란을 막았다. 하지만 이렇게 일부러 구별되는 옷차림을 한다는 것 자체가 어딘지 내키지 않는 일이었다. 게다가 커 가면서 쌍둥이들 각자 사귀는 친구나 취미도 달라지고, 그에 따라 생활하는 영역도 다른 방향으로 가지를 쳐 감에 따라 쌍둥이라는 사실이 불편한 경우가 잦았다. 쌍둥이 엄마는 애지 엄마를 만날 때면 고민스럽게 말했다.

"지금 한창 사춘기라 좀 걱정이 돼요. 혁이는 잘 내색하지 않는 편이지만, 석이는 '얼굴에 점이라도 찍고 다닐까?'라고 떠들어 대기까지 해요."

친구들이 여러 게임을 하는 동안 쌍둥이는 잠시 틈을 내 할아버지의 연구실을 찾았다.

"할아버지, 일요일에 쉬지도 못하고 나오시게 해서 죄송해요."

"어이구, 이제 컸다고 대견한 소리도 잘하는구나. 나야 너희 보는 게 쉬는 것보다 훨씬 더 나으니 그런 걱정일랑 마라."

"할아버지, 아까 정말 저희를 잘 못 알아보셨어요?"

"아, 조금 그러긴 했는데, 이 할애비가 정말로 구별 못한 것은 아니지. 어쨌든 미안!"

"미안하긴요. 그냥 여쭤 본 것뿐이에요."

그런데 쌍둥이는 이어지는 할아버지와의 대화하면서 그들의 운명을 갈라놓을 중요한 열쇠와 마주치게 된다.

"얘들아, 너희 혹시 쌍둥이로 지내느라고 많이 불편하니?"

갑작스런 질문에 쌍둥이는 서로 마주보았다. 그리고는 이어서 대답했다.

"네, 그렇긴 해요."

그러자 할아버지가 물었다.

"만일 말이다, 너희 둘 가운데 한 사람이 나이를 천천히 먹는다면 어떨 것 같니?"

이 말을 들은 쌍둥이는 머리가 혼란스러웠다. 그래서 고개를 갸웃거렸는데, 먼저 정신을 차린 일혁이가 띄엄띄엄 말했다.

"나이를 천천히 먹는다고요? 우리 둘은 나이가 같은데…… 아니 정확히 말하면 9분 차이밖에 안 나는데 둘 가운데 하나가 나이를 천천히 먹으면…… 결국 나이 차이가 벌어질 것 아니에요?"

그러자 깨닫기는 더 늦게 깨달은 일석이가 결론에는 먼저 다다랐다.

"그렇다면, 쌍둥이가 아니게 된다는 말이잖아요?"

"그렇지!"

할아버지의 명쾌한 대답을 듣는 순간 쌍둥이는 서로의 얼굴을 마주 보았다. 그리고 뒤이어 조용히 미소 짓고 있는 할아버지의 얼굴을 돌아보았다. 할아버지는 그런 쌍둥이의 모습이 귀엽다는 듯 양손으로 둘의 뺨을 함께 쓰다듬었다.

"어때, 만일 될 수만 있다면, 쌍둥이로는 그만 지내고, 진짜 형 동생으로 한번 지내보고 싶니?"

그러자 이번에도 일혁이가 먼저 말을 받았다.

"네, 우선 생각해 보니 그것도 나쁠 것은 없겠네요."

그런데 일석이는 조금 생각이 복잡해졌다.

"할아버지, 만일 그렇다면, 제가 동생이니까, 제가 나이를 더 천천히 먹고 지금보다 동생이 되어야겠네요?"

"하하하, 뭐 꼭 그렇다는 것은 아니지만, 형 동생 순서를 지금대로 하자면 그렇게 해야겠지."

할아버지가 대답하자 일혁이가 되물었다.

"그건 그렇고, 어떻게 그렇게 할 수 있다는 거예요?"

"너희도 이미 이름 정도는 들어서 알고 있을 거야. 바로 아인슈타인의 '특수상대성이론(特殊相對性理論, special theory of relativity)'을 이용하는 거지."

그제야 쌍둥이는 어디선가 이와 비슷한 이야기를 듣거나 읽은 적이 있다는 사실이 떠올랐다. 다시 일혁이가 외쳤다.

"할아버지, 할아버지! 정말 들은 적이 있어요. 책에서도 보았고요. 그런데 실제로 그렇게…… 그렇게 될 줄은 몰랐어요."

"아, 그랬어? 아무렴 아인슈타인이 위대하다는 이야기를 괜히 하겠니? 막상 이런 식으로 이야기되니까 자세히는 아직 모르겠지만…… 정말 대단한 것 같기는 하지?"

쌍둥이는 동시에 소리쳤다.

"네!"

그리고 할아버지에게 보채기 시작했다.

"할아버지, 할아버지! 알기 쉽게 설명 좀 해 주세요!"

어렸을 때부터 할아버지는 뭔가 어려운 것을 물어보면 다른 어떤 사람들보다 쉽게 설명해 주곤 했다. 그리고는 짐짓 자랑스레 "이 똥강아지들아, 어떠냐? 이 할애비가 설명해 주면 이해를 안 하려야, 안 할 수가 없지?"라고 자화자찬까지 했다. 그러면 쌍둥이는 혀를 날름거리고 손으로 머리를 싸매며 "으악, 다시 헷갈린다. 처음보다 더 모르겠어."라고 되받았다. 하지만 지금은 우선 알고 싶은 생각이 앞섰고, 이런 여유를 부릴 겨를이 없었다.

"너희, 아인슈타인이 열여섯 살 때 '빛과 나란히 달리면서 빛을 쳐다보면 어떻게 보일까?'라는 질문을 스스로에게 했다는 이야기 들어보았니?"

"네, 어디선가 본 것 같아요. 그런데 깊이 생각하지는 못했어요."

"좋다. 조금 쉽게 생각하기 위해 시속 100킬로미터로 가는 차가 있다고 하자. 그런데 우리도 마찬가지로 시속 100킬로미터로 차를 나란히 몰면서 옆 차를 보면 어떻게 보일까?"

"그야, 빨리 움직이기는 하지만, 속도가 같으니까 서로 정지한 것처럼 보이죠."

장래 희망이 과학자인 일혁이는 어렵지 않다는 듯이 척척 대답했다.

"그래. 그렇다면 빛의 속도가 매우 빠르기는 한데, 어쨌든 빛과 나란히 달리면서 고개를 돌려 빛을 쳐다보면 어떻게 보이겠니?"

"그것 간단하네요. 빛이 아무리 빠르다 해도 나란히 같은 속도로 달리면서 보면 빛도 당연히 정지한 것처럼 보이겠지요."

"빙고! 빙고! 그런데 '딩동댕'이 아니고 '땡'이다. 놀랐지?"

"어, 아니라니요? 어떻게 아닐 수 있어요? 차는 같이 달리면 정지해 보이는데, 빛은 같이 달려도 그렇지 않단 말이에요?"

할아버지는 중대 발표를 할 때 뜸들이듯 잠시 말을 멈췄다.

"바로 그렇다! 신기하지? 지금부터 내가 하는 말을 똑똑히 듣고, 깊이 생각해 보고, 잘 새겨 두도록 해라. 빛은 1초에 30만 킬로미터, 그러니까 1초에 지구를 일곱 바퀴 반 돌 정도로 빨리 간다는 것 알지? 그런데 빛은 우리가 아무리 빨리 따라잡으며 쳐다봐도 언제나 똑같이 그 속도로 달려가는 것으로 보인단다."

"뭐라고요? 아니 빛은 우리가 아무리 빨리 달리며 쳐다봐도 언제나 똑같이 1초에 30만 킬로미터로 가는 것처럼 보인다고요?"

"바로 그렇다니깐! 다시 말해서 빛은 말이다, 언제나 똑같이 1초에 30만 킬로미터로 가는 것처럼 보인단다. 그래서 우리가 아무리 빨리 달려도 정지한 것처럼 보이기는커녕, 따라잡는 것 자체가 불가능하단다. 정말 신기하지? 그런데 더욱 신기한 것은 우주에서 오직 빛만이 이런 성질을 갖고 있다는 점이란다."

"아니, 그게, 정말로, 진짜로, 참말이에요?"

쌍둥이는 빛의 성질에 놀란 듯 입을 다물지 못했다.

"잘 믿어지지 않지? 다른 예를 하나 더 들어 볼까? 옛날 전쟁 영화를 보면 전투기가 다가오면 지상에서 기관포를 쏴서 떨어뜨리지? 그런데 제트 전투기일 경우에는 기관포 머리 위를 지나가고 나면 그 꽁무니를 보고 기관포를 쏴 봐야 별 효과가 없단다."

"왜요?"

"제트 전투기의 속도는 대개 음속을 넘는데, 기관포의 탄환은 공기의 저항 때문에 속도가 급격히 떨어지지. 따라서 기관포를 이미 스쳐 지나간 제트 전투기의 꽁무니를 보고 쏘면 탄환이 제대로 쫓아가지 못하지. 심지어 이런 경우 조종사는 바로 옆에서 총알이 나란히 날아가는 것을 볼 수 있기도 해."

"하하하, 재미있네요."

"이처럼 지상에서는 눈에 보이지 않을 정도로 빠른 총알도 그에 못지않게 빨리 날아가는 전투기에서 보면 정지한 것처럼 보일 수 있고, 심지어 그보다 더 빨리 날면 추월할 수도 있단다. 이런 경우 아무리 총알이라도 전투기에 아무런 손상도 입힐 수 없지.

그러나 레이저 빛의 경우는 다르다. 레이저는 빛을 이용한 것이므로 제 아무리 빠른 비행기라 해도 그 조종사가 보면 언제나 1초에 30만 킬로미터의 속도로 쫓아온단다. 따라서 제대로 조준만 된다면 레이저의 빛을 속도로 따돌린다는 것은 불가능하지."

"와, 정말 신기하고 재미있어요. 그런데 왜 오직 빛만 그런 성질을 갖고 있어요?"

"음, 그건 말이다, 아무리 할애비라도 너희에게 쉽게 설명하기가 좀 어렵구나. 그러니 우선 그렇다고 새겨 두도록 해라. 그치만 이 할애비가 몰라서 설명해 주지 않는다고 생각하면 안 된다. 알긋냐?"

"네, 네. 까짓 것, 그렇게 해 드릴게요. 걱정 마세요."

"좋다, 이제 슬슬 마무리하자. 아인슈타인은 열여섯 살 때 '빛과 나란히 달리면서 빛을 쳐다보면 어떻게 보일까?'라는 질문을 스스로에게 했지만 나중에 오직 빛만은 어떤 사람이 봐도 언제나 똑같이 1초에 30만 킬로미터로 간다고 결론지었으며, 이것을 '광속일정원리'(光速一定原理, principle of constancy of light velocity, '광속불변원리'라고도 부른다)라고 불렀지. 그리고 이 원리를 토대로 그 유명한 '특수상대성이론'을 완성했는데, 그때 나이가 스물여섯 살이었다. 이처럼 꼬박 10년의 세월이 걸린 연구를 통해 아인슈타인은 세계 최고의 과학자로 우뚝 서게 되었단다."

쌍둥이와 할아버지 사이에는 잠시 침묵이 흘렀다. 그리고 일혁이가 먼저 입을 열었다.

"할아버지, 그런데 지금 이것으로 이야기가 다 끝난 것은 아니죠? 지금까지 이야기하신 것과 우리 둘 중 하나가 나이를 천천히 먹는 것이 무슨 상관이 있어요?"

"그래, 그래. 끝난 게 아닐 뿐 아니라 거기까지 가려면 아직 몇 단계를 더 공부해야 한단다. 하지만 한꺼번에 모두를 알기는 힘들겠지? 그러니까 오늘은 한 가지만 더 이야기하도록 하자."

할아버지는 쌍둥이들이 궁금해하는 모습을 보며 말을 이었다.

"아인슈타인은 열여섯 살 때 품은 의문을 토대로 얻은 광속일정원리를 이용하여 스물여섯 살 때 특수상대성이론을 완성했는데, 여기에는 한 가지 다른 원리가 추가된단다."

"에고, 그건 또 뭐예요? 하나밖에 더 없어요?"

"그래, 얌마. 하나밖에 더 없을 뿐더러, 광속일정원리보다 훨씬 쉽고 간단한 것이니까 걱정일랑 마라."

"어휴, 다행이네."

"너희, 서울 집에서 고흥으로 올 때 자기부상열차 케이튜브 타고 왔지?"

"네."

"케이튜브는 아주 빠른데 말이야, 그 안에서 컵에 물을 따라 마실 때는 집 안에서 컵에 물을 따라 마실 때와 전혀 다를 게 없지?"

"네, 그래요."

"왜 그럴까?"

"그거야 차 안에서는 사람도, 물병도, 컵도 모두 함께 똑같이 움직이니까…… 차 안의 공기도 통째로 똑같이 움직이고…… 물을 따르면, 따른 물도 같이 움직이니까…… 한마디로 모두 똑같으니까 그렇죠?"

"이야, 정말 좋은 대답이다. 정말 기가 막힌 대답이야. 이 할애비가 기대했던 것보다 훨씬 좋은 대답이야."

"아, 뭘요. 이 정도야 보통이죠."

"기고만장하기는……. 어쨌든 너희가 말한 대로, 차가 미끄러지듯이 움직여서 차 안이나 밖이나 차가 일정한 속도로 움직인다는 점 외에 다른 게 없다면 말이다, 이제 잘 들어라. 이처럼 서로 일정한 속도로 움직이는 차이밖에 없는 두 장소에서는 모든 물리법칙이 똑같이 성립한단다. 이것은 갈릴레이(Galileo Galilei, 1564~1642)가 처음 이야기한 것으로, 나중에 '상대성원리(相對性原理, principle of relativity)'라고 부르게 되었지."[3]

"아니, 그 간단한 것을 뭐 그리 거창하게 '원리'라고 부른대요?"

"아이고, 이 똥강아지들아. 정말 말 잘했다. 이 할아버지가 오늘 정말 특별히 강조한다만, 정말로 중요한 원리는 오히려 아주 단순한 경우가 많단다. 단순함 속에 담긴 넓고도 깊은 포용력, 이것이야말로 정말 중요한 원리의 정말 중요한 특성이란다."

"아이고, 아이고, 잘 알겠어요. 그만 강조하세요. 그리고 우리는 똥강아지가 아니라 이제 똥개예요."

"얌마, 느그 애비한테나 똥개지, 이 할아버지한테는 너희 아빠는 아무리 나이가 들어도 똥개고, 너희는 아무리 커도 똥강아지야, 알긋냐?"

"그래요, 그래."

"아인슈타인은 말이다. 갈릴레이가 제창한 '상대성원리'와 자기가 제창한 '광속일정원리'의 두 원리를 기초로 '특수상대성이론'을 만들었단다. 그리고 이 특수상대성이론에 의하면, 어떤 사람이 로켓을 타고 빛을 초월할 수는 없지만, 거의 빛과 맞먹을 정도의 엄청나게 빠른 속도로 우주여행을 하고 돌아오면 지구에 있는 사람보다 나이를 적게 먹는다는 결론을 얻을 수 있지. 이 결론을 '시간지연(時間遲延, time dilation)'이라 부르고, 이것이 바로 너희 둘의 나이에 차이가 나도록 할 수 있는 이론적 배경이란다."

그러자 마침내 일석이가 나섰다.

"할아버지, 제 꿈이 우주 비행사잖아요? 제가 갔다 올게요. 저를 보내 주세요."

"그래, 그래. 알았다, 알았어. 그런데 말이다. 할아버지가 일단 이야기는 꺼냈고 너희 부모님과도 이미 많이 이야기했다만, 앞으로도 거쳐야 할 단계가 많단다. 한마디로 이 우주여행은 역사상 최초란다. 그러니 앞으로도 할 일이 많다는 게 충분히 이해가 되겠지? 그러니 그동안 너무 조급히 굴지 말고, 더 차분히 생각하고, 공부도 열심히 하고, 나중에 더 자세히 의논하도록 하자. 알긋냐?"

"네!"

[2] 번개는 구름과 구름, 구름과 지면 사이에서 방전이 일어나 번쩍이는 불꽃을 말한다. 구름은 작은 물방울과 얼음 알갱이로 되어 있다. 구름이 바람을 타고 다니면 구름 속에 있는 물방울과 얼음 알갱이가 부딪혀 마찰을 일으킨다. 마찰을 일으키면 얼음 알갱이는 전자를 물에 빼앗기고 양(+)전기를 띠고 구름 위쪽으로 올라간다. 반면 물방울은 얼음 알갱이로부터 전자를 받아 음(−)전기를 띠어 구름 아래쪽으로 내려간다. 구름 위쪽이 강한 양전기, 구름 아래쪽이 강한 음전기를 띠면 구름 밑 지면에는 양전기가 모인다. 이 과정이 되풀이되면 구름이 음전기를 더 이상 머금을 수 없는 상태가 되어 땅으로 떨어지는데, 이것이 바로 번개다. 천둥은 번개가 치는 과정에서 마찰에 의해 발생하는 큰 소리이다.

[3] 상대성원리를 정확히 쓰면 "물리 법칙은 모든 관성계에서 똑같이 성립한다."라고 표현된다. 상대성원리는 아주 단순해서 쉽게 이해되므로 갈릴레이가 제창한 이래 잘 알려져 있었다. 이로부터 300여 년 뒤에야 아인슈타인에 의해 제창된 광속일정원리는 우리의 직관과 잘 어울리지 않으므로 이해하기가 좀 까다롭다.

아인슈타인은 이 두 원리를 결합하여 특수상대성이론을 만들었는데, 주의할 것은 '상대성원리'란 이름과 '(특수)상대성이론'이란 이름을 혼동하지 말아야 한다는 점이다. 즉, '상대성원리'는 '(특수)상대성이론'의 2대 가정(원리)의 하나이다.

한편 상대성이론에는 아인슈타인이 1905년과 1915년에 각각 완성한 '특수상대성이론'과 '일반상대성이론'의 두 가지가 있다. 통상 그냥 '상대성이론' 또는 '상대론'이라고 하면 대부분 '특수상대성이론'을 가리키는 것으로 이해하지만, 때로는 이 두 이론을 통틀어 가리키기도 한다. 따라서 그 정확한 대상은 앞뒤 문맥을 통해 파악해야 한다.

특수상대성이론으로부터는 수많은 결론이 이끌어지지만 그 가운데서도 '시간지연', '공간수축', '질량 증가', '질량에너지등가원리($E=mc^2$)' 네 가지가 특히 유명하다(필자는 이를 '특수상대성이론의 4대 귀결(결론)'이라고 부른다). 이 책의 내용은 이 가운데 주로 '시간지연'의 결론을 이용하여 꾸민 것이다.

첫 번째 시간 여행

3

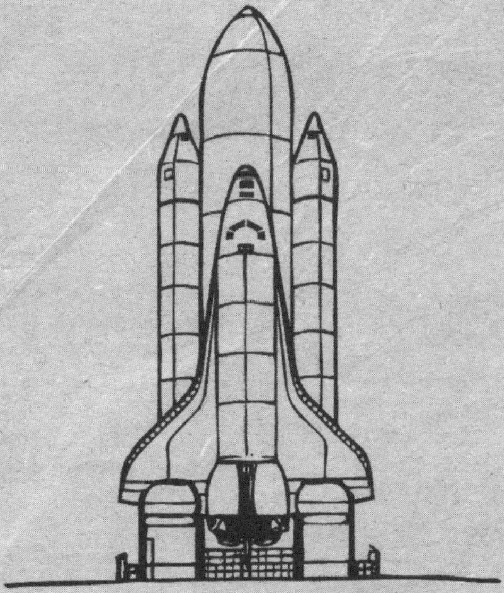

번개 17호의 조종실에서 전율에 휩싸여 발사를 기다리고 있는 일석이의 머릿속에 지난 몇 달 동안의 시간이 슬라이드 화면처럼 차례로 스쳐 갔다. 처음에 고흥에서 할아버지의 제안을 들었을 때만 해도 단순히 우주 비행사라는 꿈이 실현된다는 생각에 마구 달려들었다.

하지만 이번 비행은 인간이 직접 참여하는 최초의 본격적인 시간 여행으로 전 세계가 주목하는 아주 중요한 실험이었다. 이 계획은 지난 몇 년간 열여섯 차례의 예비 실험을 거쳤고, 그 가운데 동물을 탑승시킨 실험만도 여러 번이었다. 그리하여 이론적·기술적으로 완벽하게 준비되었다는 판단을 내렸고, 이제 열일곱 번째 비행에 최초로 인간이 직접 탑승하게 되었다.

엄마는 처음부터 일석이가 이 실험에 참여하는 것에 반대했다.

“아버님, 이 비행이 과학적으로나 역사적으로나 아주 큰 의의가 있다는 점은 잘 이해하겠어요. 하지만 일석이는 아직 너무 어려서 할 일도 많고, 다음 기회도 많을 거예요. 게다가 자원하는 사람이 아주 많고요. 다시 생각해 보는 게 어떨까요?"

아빠도 어정쩡하기는 했지만 반대쪽으로 조금 더 기울었다.

"아버지, 저도 기본적으로는 애 엄마하고 같은 생각입니다. 다만 저는 모든 게 완벽하다는 확신만 들면 굳이 반대하고 싶지는 않습니다. 아버지나 저나, 구체적으로는 다르지만, 크게 보면 우주 개발이라는 길에 평생을 바친 동지인데, 모든 조건이 맞을 경우에도 물러선다는 것은 자가당착이니까요."

할아버지는 여러 모로 생각한 끝에 다음과 같이 말했다.

"우리는 이 문제에 대해 결정을 내려야 한다. 나도 우리 쌍둥이를 너희 못지않게 사랑한다. 고흥에 혼자 있으면 이놈들 모습이 눈에 얼마나 삼삼한지……. 그런데 말이다. 무조건 보호하는 게 꼭 올바른 사랑의 표현은 아닐 게다. 우리 일석이 말고도 자원자가 많다는 건 사실이야. 하지만 총책임자인 내 입장에서는 위험 가능성이 모두 똑같은 상황에서 우리 일석이만 뒤로 물러나게 할 수는 없다. 또한 성공할 경우에는 큰 영예를 얻을 수도 있는데 우리 일석이가 그 기회를 못 잡게 가로막을 수도 없다. 그러니까 이렇게 하자. 일석이에게 모든 것을 자세히 설명한 뒤, 그 애의 의견을 존중하자. 그런 다음 우주 비행사 시험에 참여시켜 다른 자원자와 공정하게 경쟁하도록 하고, 거기에서 나온 결과에 따르자. 이게 어떻겠니?"

엄마와 아빠도 곰곰이 생각해 보니 그게 최선의 길일 것 같았다.

"예, 아버님. 알겠어요."

"예, 아버지. 그렇게 하겠습니다."

이처럼 일석이를 후보자로 고려한 데에는 일석이의 꿈이 우주 비행사라는 것 외에 할아버지가 쌍둥이에게 이미 이야기했듯 시간지연을 이용하여 쌍둥이의 나이 차이를 벌리려는 게 더 중요한 이유였다. 아인슈타인이 발표한 특수상대성이론의 한 결론인 시간지연은 '정지한 사람이 볼 때 움직이는 사람의 시계는 자기 시계보다 더 느리게 가는 것으로 보인다.'라고 표현된다.

하지만 이 간단한 현상에 뜻밖으로 골치 아픈 역설이 담겨 있다. 어느 날 할아버지는 쌍둥이에게 이에 대해 설명해 주었다.

"예를 들어 반대 방향으로 갈 두 지하철이 역에 나란히 정차해 있고, 양쪽 지하철에 혁이와 석이가 각각 타고 서로 쳐다보고 있다고 생각해 보자. 그러다가 석이가 탄 지하철이 움직이면 혁이가 볼 때 어떤 현상이 일어날까?"

일혁이는 잠시 생각에 잠겼다.

"음, 저는 정지해 있고, 석이가 움직인다 이거죠. 그러면…… 제가 볼 때 석이가 차고 있는 시계는 제가 차고 있는 시계보다 느리게 가겠네요."

"그렇지. 아주 잘 대답했다. 그런데 특수'상대성'이론이란 말에서 보듯, 운동은 '상대적'이란다. 이 말이 뭔 뜻인지 알겠니?"

이번에는 일석이가 대답했다.

"그것은, 제가 탄 지하철이 움직이는 데도 제가 정지해 있다고 생각하면 형이 탄 지하철이 움직인다고 볼 수 있다는 것 아니에요?"

"야, 정말 대단하다. 아니, 어디서 보고 알았니. 아니면 지금 바로 깨달았니?"

"아, 그 두 가지가 섞였어요. 옛날에 어디선가 본 것 같았는데, 할아버지가 이렇게 물어보시니까, '아, 그게 이거구나.'라고 확실히 깨달았어요."

"그래, 좋다. 그것만으로도 분명 잘한 일이다. 살다 보면 처음에는 흐릿하지만 나중에 선명히 깨닫는 경우가 아주 많아. 그건 그렇고, 그렇다면 말이다, 그 상황에서 석이 네가 혁이 시계를 보면 어떻게 보일까?"

일석이도 잠시 생각에 잠기면서 대답했다.

"제가 탄 지하철이 움직이지만 운동은 상대적이므로 제가 정지해 있고 형이 움직이는 것으로 보인다 이거죠? 그러면 제 입장에서는 제 시계보다 형의 시계가 느리게 가는 것으로 보이겠네요?"

"빙고, 빙고! 그래, 잘 대답했다."

그러자 일혁이가 말했다.

"아니, 그럼 어떻게 되는 거죠? 똑같은 상황인데, 제 입장에서는 석이 시계가, 석이 입장에서는 제 시계가 더 느리게 가는 것으로 보인다는 거 아닌가요? 뭐가 잘못된 것 아니에요?"

할아버지는 빙그레 웃으면서 설명했다.

"언뜻 신기하고 역설적으로 생각되겠지만, 사실 이것은 신기하기는 할망정 역설은 아니란다. 특수상대성이론에 따르면, 운동은 상대적이므로 속도 차이가 나는 두 관찰자는 서로 상대방의 시계가 더 느리게 가는 것으로 여기게 된단다."

쌍둥이는 조금 혼란스러웠다. 그러나 정신을 집중해서 다시 생각해 보았더니 할아버지가 말한 내용에 아무런 흠이 없었다. 그래서 결국 모두 수긍하게 되었다.

"아, 그래요?…… 좋아요."

하지만 할아버지는 이어서 정말로 헷갈리는 문제를 이야기했다.

"그런데 말이다. 비슷하지만 조금 다른 경우를 생각해 보자. 너희 둘은 쌍둥이인데, 혁이는 지구에 있고 석이가 로켓을 타고 엄청나게 빠른 속도로 우주여행을 하고 돌아왔다고 하자. 그러면 두 사람의 나이에 차이가 나겠니, 나지 않겠니? 만일 차이가 난다면 누가 나이를 적게 먹은 것으로 보이겠니?"

쌍둥이는 그제야 할아버지가 이 대화를 과학책에서 몇 번 보았고, 할아버지도 언급한 적이 있는 유명한 이야기로 이끌어 가고 있음을 알아차렸다. 쌍둥이는 이것에 대해서도, 이미 이야기한 '운동의 상대성'처럼, 보기는 보았지만 깊이 생각해 보지 않고 그냥 지나쳤었다. 그런데 이제 할아버지로부터 직접 듣게 되니, 이 기회에 확실히 알 수 있었으면 하는 생각이 솟아올랐다.

"할아버지, 이게 그 유명한 '쌍둥이 역설(twin paradox)' 이야기이죠?"

"그렇다. 나도 너희가 그런 게 있다는 것쯤은 알고 있으리라 생각했지."

"네. 그런데 생각해 보면 참 이상하네요. 도대체 지하철 이야기와 쌍둥이 역설과는 정확히 어떤 차이가 있기에, 하나는 역설이 아니고 다른 하나는 역설이라는 거예요?"

"흠, 눈치 빠른 녀석 같으니라고. 사실은 내가 그것을 물어보려고 했는데……, 좋다. 이 점은 아주 중요하니까 오해하지 않도록 그냥 내가 말해 주마. 잘 들어라. 지하철 이야기에서는 쌍둥이가 일정한 속도로 하염없이 멀어져 가고, 그때 서로 상대방의 시계가 느리게 가는 것으로 보이고, 이것은 아무런 모순도 역설도 아니라고 한 것까지는 수긍했지?"

"네."

"좋아. 그런데 쌍둥이 역설에서는 하염없이 멀어져 가는 것으로 끝나는 게 아니고, 우주여행을 떠났던 석이가 되돌아와서 결국 서로 다시 만난다는 데에 결정적인 차이점이 있단다."

"그게 무슨 결정적인 차이점이죠?"

"자, 생각해 봐라. 혁이가 보기에는 석이가 우주여행을 다녀왔으니까, 석이의 시계가 느리게 간 것으로 보이고, 따라서 석이가 나이를 적게 먹은 것으로 보인다. 하지만 운동은 상대적이므로 석이가 보기에는 혁이가 사는 지구가 머나먼 곳으로 멀어져 갔다가 다시 돌아온 것으로 보이고, 따라서 혁이의 시계가 느리게 간 것으로 보이고, 결국 혁이가 나이를 적게 먹은 것으로 보인다. 지하철 이야기에서는 그냥 서로 멀리 떨어져갈 뿐 막상 만나지는 않으니까 '그러려니' 하고 넘어갈 수도 있어. 하지만 쌍둥이 역설에서는 둘이 서로 얼굴을 마주 보는 상황에서 서로 상대방이 더 어리다고 여긴다는 것은 정말 곤란하다. 그래서 '역설'이라고 부르게 되었단다."

"햐, 정말 곤란하고 골치 아프네요. 도대체 이 문제에 해답이 있기나 하나요? 있다면 어떻게 해결되죠?"

"아까 말했듯이 지하철 이야기와 쌍둥이 역설은, 하나는 편도 여행이지만 다른 하나는 왕복 여행이라는 게 결정적 차이점이란다. 이것을 정확히 설명하려면 수식도 써야 하고 좀 복잡하니까 생략하자. 그렇지만 특수상대성이론을 쌍둥이 역설에 나오는 왕복 여행의 두 단계에 각각 적용하고 분석해 보면 우주여행을 다녀온 쪽이 더 나이를 적게 먹는다는 결론이 얻어지고, 이것이 올바른 해답이란다."

"아이고, 알 듯하면서도 모르면 정말 답답하던데……. 하지만 오늘은 한꺼번에 너무 많이 배운 것 같고, 할아버지도 이제 좀 피곤하신 것 같으니, 이 정도로 마쳐요."

"그래, 그러자꾸나. 그렇지만 이것이 바로 이번 여행의 목표이자 배경 원리이니까 틈나는 대로 공부해서 완전히 깨치도록 해 봐라. 특수상대성이론은 말이다, 이해할 수식은 그다지 어렵지 않지만 그 안에 담긴 의미는 매우 심오한, 참으로 훌륭하고도 보기 드문 예란다. 실로 인간이 누릴 '앎의 기쁨'이라는 행복을 최상의 경지까지 맛보게 하는, 그런 예들 가운데 하나이지."

"예, 잘 알겠습니다."

할아버지로부터 특수상대성이론과 시간 여행에 대한 이야기를 듣고 온 뒤 일석이의 생활은 사뭇 달라졌다. 이전까지만 해도 일혁이는 책을 좋아하고 일석이는 운동을 좋아하는 편이었다. 하지만 이때부터 일석이도 틈만 나면 평소에는 잘 찾지도 않는 과학책과 수학책을 들고 다니면서 나름대로 열심히 공부했다. 또한 우주 비행사가 되려면 체력과 운동 능력도 좋아야 하므로 체육관에 다니면서 운동도 체계적으로 해 나갔다.

"오빠, 요즘 얼굴 보기 힘드네."

체육관 수영장에 강습 받으러 온 애지가 일석이를 보고 말을 건넸다.

"얼굴이야 입체 영상으로 보면 되잖아."

"진짜 얼굴 말이지, 민낯!"

애지는 석이의 얼굴을 손가락으로 콕 찌르며 말했다.

"응, 어쨌든 시간 여행 때문에 말 그대로 심신이 다 바쁘네."

"아이고, 완전히 선발된 것처럼 자신만만하네."

"아, 최종 후보에 올랐고, 또 내가 가장 유력하다고 하잖아?"

"아니 벌써 그렇게까지 됐어?"

"지내 놓고 보니 정말 그러네. 근데, 사실 시간 끌 게 뭐 있나? 오히려 뽑고 난 다음이 더 중요하지."

"수영은 왜 이리 열심히 해?"

"수영이 체력 단련에도 좋고, 또 물속은 무중력 상태와 쪼끔 비슷하니까 글키도 하고……."

"그래서 내가 여기 오니까 겨우 보는구나. 그나저나, 일 년짜리 시간 여행이라고 했지?"

"정확히 말하면 나는 세 달, 지구에서는 열다섯 달. 그래서 갔다 오면 딱 일 년 차이가 나게 되지."

"오빠가 갔다 오면 혁이 오빠는 열일곱, 오빠는 열여섯, 나는 열다섯. 집만 다르지 연년생이네."

그런 다음 잠시 침묵이 흘렀다. 나이 계산, 그동안의 생활, 여행의 흥미와 안전성, 갔다 온 뒤의 여러 가지 관계 등 복잡한 생각이 순식간에 머리를 스쳐 갔다.

"근데, 일 년 정도 갖고 쌍둥이가 크게 차이 날까?"

"글쎄, 하지만 너무 많이 차이가 나도 곤란할 것 같고 연년생은 그런 대로 흔하니까……. 아무래도 일 년 차이가 가장 적당할 것 같아서 그렇게 정했겠지."

"좋아, 그건 그렇다 치고, 오빠는 정말 가고 싶어? 위험하지는 않을까? 승현이 오빠도 관심은 많지만 이번 여행은 전혀 꿈도 꾸지 않던데……."

"나야 본래 꿈이 우주 비행사잖아. 출발부터 이런 큰 기회를 잡는 게 얼마나 좋아? 안전성이야 이미 여러 번 점검했고……."

"그렇긴 해도……."

수영장의 턱에 나란히 앉아 있던 애지는 발로 물을 찰싹거리며 중얼거렸다.

그로부터 일주일 뒤, 마침내 일석이는 인류 최초의 본격적 시간 여행에 나설 세 사람의 우주 비행사 가운데 한 사람으로 선발되었다. 첫 번째 사람은 선장 김태영으로 나이가 마흔이며 우주 비행 경험이 아주 풍부했기에 선발되었고, 두 번째 사람은 과학자 임성휘로 나이가 서른셋이며 태양계 주변에 대한 탐사가 주된 전공 분야였다. 원칙적으로 이번 여행의 주된 임무는 이 두 사람이 맡는다.

하지만 역사적인 이 시간 여행에서 우주 과학자들은 아인슈타인의 쌍둥이 역설을 실제로 구현해 보고자 했으며, 이에 따라 세 번째 사람으로 쌍둥이 중 하나를 선발하기로 합의했다. 그리하여 여러 모로 구체적인 선발 기준을 세웠고, 그 결과 일석이가 선발되었다. 일석이의 열망, 건강한 체력, 과학적 지식, 침착성과 대담성, 냉철한 판단력, 청소년에게 꿈과 희망을 줄 수 있다는 배려, 과학자 집안 분위기 등이 높은 평가를 받게 한 요소였다.

"얘들아, 시간 늦겠다. 빨리빨리 나와라."

일석이가 시간 여행의 우주 비행사로 선발되었다는 소식을 들은 동네 사람들은 모두 자기 일처럼 기뻐하고 축하해 주었다. 그래서 초여름의 어느 토요일에 시간 나는 사람끼리 모여 도봉산 자락에 마련된 캠핑장에서 하룻밤을 지내며 즐거운 시간을 보내기로 했다.

"야, 정말 좋다. 가끔씩 이렇게 자연에 풍덩 빠져서 흠뻑 젖고 그래야 해."

"예, 정말 그렇죠? 우리는 바로 가까운 곳에서 이런 맛을 볼 수 있으니 참 좋아요."

"과학도 발전했고, 모든 게 현대화되었지만, 이처럼 자연을 완전하게 보존하는 일도 알고 보면 과학이 할 일이기도 해!"

과학이 하는 일은 자연을 정복하는 일이라고 생각하던 때는 이미 아득한 옛날처럼 여겨졌다. 언젠가부터 인간은 인공과 자연의 조화를 과학적으로 완벽하게 추구하는 것을 새로운 목표로 삼았다. 그리하여 최첨단의 현대 도시와 무성한 원시 자연이 꿈결처럼 아름답게 조화를 이루었고, 그 결과 사람들의 생활은 갈수록 안락하고 풍성해졌다. 캠핑장에 도착한 사람의 일부는 저녁 식사를 준비했고, 다른 이들은 운동이나 오락 등을 하면서 초저녁 시간을 보냈다.

"오빠들아, 우리 배드민턴 하자."

애지가 승현이와 쌍둥이에게 다가와 말했다.

"너랑 하면 무슨 재미가 있니? 네 친구랑 해."

"나는 오빠들이랑 하다 보니까 실력이 늘어서 친구들이 상대가 안 돼."

"야, 우리가 네 스승이네. 좋아, 오늘은 네가 끼는 쪽을 몇 점 접어주고 하지?"

애지 친구들과 쌍둥이 친구들도 끼리끼리 운동도 하고 응원도 했다. 때가 때인지라 일석이의 인기가 가장 높았지만 각자 나름대로 즐겁게 놀기에 바빴다. 그러던 중 반가운 소리가 울려 퍼졌다.

"여러분, 기다리고 기다리던 식사 시간입니다. 모두 식탁으로 모이세요."

"야호!"

"우와!"

식사 시간이 늦어짐에 따라 음료수나 간식으로 허기를 조금씩 달래던 사람들은 곳곳에서 큰 함성으로 화답했다. 이 순간에 먹는 것보다 더 반가운 게 어디 있을까? 식탁에 둘러앉은 사람들은 갖은 진수성찬을 보고 왁자지껄 탄성과 칭찬을 늘어놓더니 정신없이 먹어 치우기 시작했다. 이윽고 어느 정도 급한 허기는 달랬다고 여겨질 때쯤 이 모임을 주선한 한 어른이 자리에서 일어났다.

"여러분, 이제 주위 경치와 사람들이 좀 제대로 보이십니까?"

"하하하."

"순서가 좀 뒤바뀌었지만, 이쯤에서 모두 함께 송일석 군의 역사적인 장도를 축하하는 건배를 들겠습니다."

모두의 잔이 취향에 맞는 술과 음료수로 채워진 뒤 다시 축하의 말이 이어졌다.

"자, 여러분. 우리 자랑스러운 일석이의 시간 여행이 반드시 성공하길 빌고, 우리 동네의 영원한 화합을 빌고, 우리 모두 건강하고 행복하길 빕니다. 위하여!"

"위하여!"

즐거운 식사 시간이 끝났을 때쯤 어둠이 짙게 깔렸다. 사람들은 서서히 모닥불을 준비하기 시작했다. 자연 환경을 최대한 보존하기 위하여 모닥불은 제한적으로만 허용되었으므로 이 모임을 준비한 사람은 모닥불 행사를 미리 신청하고 땔감도 확보해 두었다. 이윽고 커다란 화톳불이 솟으면서 깜깜한 밤의 틈을 헤집고 둥그런 빛의 움

집이 만들어졌다.

"오빠, 정말 별일 없겠지?"

빛의 움집을 빙 둘러싼 사람들 사이에서 일석이와 나란히 앉은 애지가 발그레한 얼굴을 돌리며 다짐하듯 물었다.

"당근 그렇지. 이런 계획을 허술하게 할 리가 있겠냐?"

둘이 마주 보는 사이에 타다닥 하는 소리가 크게 울리며 불길이 더 크게 솟아올랐다. 다시 고개를 돌려 불길을 보았더니 수많은 불씨가 현란하게 피어 밤하늘을 뚫고 올라갔다.

일석이는 고모가 말해 준 개똥벌레 이야기가 떠올랐다. 우리의 의식도 개똥벌레와 비슷하다는데……. 알고 보면 우리 존재 자체, 나아가 우주 만물이 다 그렇지 않을까? 언뜻 허무한 느낌이 들면서도 그러기에 더 끝까지 파헤쳐 보고 싶은 생각이 마음속 깊은 곳에서 꿈틀거리고 있음을 깨달았다.

"일석 군, 지난 몇 달 동안 고된 훈련과 어려운 공부, 그리고 힘든 기술 습득 과정 들을 모두 성공적으로 마친 것을 축하한다."

"감사합니다, 선장님. 모두 훌륭한 교관님들 덕분입니다."

일석이가 맞은 열다섯 번째의 한 해가 다 저물어 갈 무렵 모든 비행 준비가 완료되었다. 닷새 뒤인 크리스마스이브 때의 출발을 앞두고 세 사람의 우주 비행사는 1박 2일의 휴가를 얻었다.

"작별의 시간은 짧을수록 좋지."

일석이의 휴가에 맞춰 서울에 오신 할아버지가 말했다.

"예, 저도 그게 좋다고 생각해요. 그동안 말이 힘든 훈련이었지, 외출도 자주 나왔으니까 불만은 없어요."

일석이가 자기와 가족들의 아쉬움을 한꺼번에 달래려는 듯 씩씩하게 말했다.

"나는 적도 기지까지 따라갈래."

애지가 말하자, 승현이가 놀렸다.

"하이고, 거기까지? 석이 보내기가 그리 싫어?"

"웃기지 마셈. 모처럼 적도 기지 한번 다녀오고 싶어서니깐."

번개 17호가 실제로 발사되는 곳은 고흥에 있는 우주 센터가 아니라 우리나라의 정남쪽 적도 지방에 있는 인도네시아의 할마헤라 섬에 건설된 우주 기지이다. 예전에는 우주 로켓을 지상에서 발사했지만 그럴 경우 에너지 낭비가 너무 심해서 우주선을 크게 만들기 어렵다. 이를 해결하기 위하여 적도 지방에 건설한 것이 '우주 엘리베이터'이다.

"왜 이것을 적도 지방에 세워요?"

어렸을 때 처음 우주 엘리베이터에 대해 들은 쌍둥이는 할아버지에게 물어보았다.

"인공위성을 적도 상공 36,000킬로미터 위에 띄우면 공전 주기가 24시간이 되어 지구의 자전 주기와 같아진다. 따라서 이게 지구의 자전 방향과 같은 방향으로 공전하면 지상에서 쳐다볼 때 정지한 것처럼 보이므로 이 궤도를 '정지 궤도'라 부르고, 거기 있는 인공위성을 '정지 위성'이라 부르지."

"아, 그러니까, 말하자면 지상에서 정지 위성까지 엘리베이터로 연결한 게 우주 엘리베이터이고 따라서 적도 지방에 세울 수밖에 없다 이거네요?"

"그렇지. 생각보다 똑똑하네."

"아, 뭘요. 고맙습니다."

할아버지의 설명이 고맙다는 건지, 칭찬이 고맙다는 건지 묘한 뉘앙스였다. 쌍둥이와 할아버지는 서로의 눈길이 마주치자 모두 크게 웃고 말았다.

"다만 말이다. 적도 상공이라고 해도 다른 이유들 때문에 궤도가 조금씩 흔들리므로 주기적으로 적절하게 보정해 줘야 한다. 요건 몰랐지?"

꿈결 같은 하룻밤이 지나고 다음날 일석이 일행은 극조음속 비행기를 타고 할마헤라 섬으로 떠났다. 그곳에 있는 우주 엘리베이터의 밑에 도착해서 쳐다보니, 올 때마다 놀라는 일이지만, 말만 엘리베이터일 뿐 엄청나게 거대한 탑 같은 모습이라 한동안 그저 감탄만 나올 따름이었다.

"아마도 아득한 옛날의 고대인이 어느 날 갑자기 이곳에 와 본다면 그들이 꿈꾸었던 바벨탑이 실제로 구현된 것으로 여기겠지요?"

쌍둥이 엄마가 아빠에게 말했다.

"정말 그럴 거야. 저 아득한 끝을 보면 저게 하늘에 이어졌다고 생각하지 어떻게 저 끝도 그냥 허공이라고 여기겠어?"

하지만 감상할 시간도 별로 없었다. 지상에서 허공의 우주 기지까지 다시 36,000킬로미터를 올라가야 하므로 남은 여정도 서둘러야 했다.

"왜 이렇게 일정을 촉박하게 짰을까?"

"그게 두루 좋다니깐. 천천히 여유 있게 하는 것보다 치밀하게 단숨에 해치우는 게 좋아."

"그건 당신 체질이고, 난 그렇지 않아요."

하지만 그건 보통 때 그렇고, 이번 시간 여행의 경우에는 역시 모든 게 빨리 진행되어 끝나 버렸으면 좋겠다는 생각이 쌍둥이 엄마의 마음속을 파고들었다. 서둘러서 짐을 챙기며 우주 엘리베이터의 객실로 들어섰다.

우주 엘리베이터도 기본 원리는 자기부상열차와 같다. 말하자면 수직으로 세운 자기부상열차이다. 그런데 수직 방향으로 가속하면서 올라가므로 처음에는 기분이 상당히 거북하다. 하지만 일정한 속도에 이르면 보통의 엘리베이터와 별로 다를 게 없다.

출발할 때는 한낮이었지만 얼마쯤 올라가니 대기권이 사라짐에 따라 푸른 하늘이 깜깜하게 변했다.[4] 그리하여 낮인데도 불구하고 검은 하늘을 배경으로 여러 별들이 보였다. 태양이 있는 쪽은 극단적인 광명이고, 그 반대쪽은 극단적인 암흑이다. 이윽고 밤이 되자 온 세계가 암흑으로 휩싸이더니 지상에서 보던 것보다 몇 배나 더 많은 별이 시야를 가득 채우며 총총히 빛났다.

"야, 올라가는 데만 하루가 걸리다니……. 그렇지만 석이 오빠 올 날도 하루 가까워진 셈이네."

일석이는 우주 비행사 일행과 따로 떠났으므로 애지는 승현이를 돌아보며 말했다.

"글쎄, 그렇게 볼 수도 있지만 그것이 시간 여행 자체는 아니지."

드디어 36,000킬로미터 상공에 도착해 보니 마치 신기루 속의 오아시스처럼 우주 궁전이 허공에 둥실 떠 있었다. 전체 구조는 대략 거대한 바퀴와 같으며, 사람들의 일상생활은 바퀴의 가장 바깥쪽 내면에서 이뤄진다. 이 바퀴는 적당한 주기로 회전하므로 그곳에는 지표면과 같은 세기의 중력이 만들어진다. 바퀴 중심에 있는 중앙 통제센터는 각종 정보와 에너지의 분배를 담당하며, 바큇살 모양의 통로를 통해 바퀴의 많은 부분과 연결되어 있다.

"아, 저것이 이번 여행에 나설 광자로켓(光子로켓, photon rocket)이구나!"

쌍둥이와 애지네 가족 일행은 뾰족한 첨탑 형태의 몸체에 거대한 오목 거울 모양의 반사경을 꽁무니에 달고 있는 새로운 로켓을 발견하고 소리 질렀다. 이미 뉴스를 통해 영상으로는 여러 번 보았지만 실제로 보니 어딘지 더욱 기괴하게 여겨졌다.

"광자로켓은 빛을 뿜으면서 앞으로 가는 로켓이란 뜻이지요? 그렇다면 광자로켓은 결국 빛만큼 빨리 날아가나요?"

이번 시간 여행에 쓰기 위해 역사상 최초로 광자로켓이 개발되었다는 소식을 처음 들었을 때 쌍둥이는 아빠에게 물어보았다.

"얌마, 빛은 특별하단 사실을 또 까먹었냐? 다른 로켓은 계속 가속하면 뿜어내는 가스의 속도보다 빨리 날 수 있다. 그러나 특수상대성이론을 통해 알 수 있듯 어떤 물체도 광속에는 이를 수 없지. 그러니까 광자로켓은 빛의 속도에 한없이 가까워질 수 있을 뿐 실제로 빛만큼 빨리 날 수는 없단다."

"그래도 가장 빠른 로켓이죠?"

"당근이지. 자꾸 입 아프게 할래. 빛보다 빠른 건 없다니깐."

"근데 광자로켓은 무얼 연료로 써요?"

"엉? 아니, 다른 것으로 입 아프게 만드네. 하지만 조용히 지내려면 똥개들 그만 짖게 만들어야지. 잘 들어라. 이 우주에는 물질과 반대되는 '반물질(反物質, antimatter)'이란 게 있단다."

"그것도 들어 봤어요. 전자 반대는 반전자(=양전자), 양성자 반대는 반양성자, 그런 것들 말이죠?"

"에고, 그럼 알면서 질문했단 말이냐? 어쨌든 좋다. 물질과 반물질이 만나면 모두 빛으로 변하면서 사라지는데, 그때 엄청난 에너지가 발생한단다. 광자로켓은 이 엄청난 에너지를 가진 빛을 반사경으로 반사시키면서 앞으로 날아가는 로켓이지."

"햐, 역시 아빠는 최고의 로켓 기술자야. 책에 나온 그대로 정확히 알고 있네."

"이런 똥개들, 어쩐지 낌새가 이상하더라니……. 우리가 그것 만드느라고 얼마나 고생했는데……."

전 세계는 과학 한국의 우주 기술력에 놀라움을 금치 못하며 많은 찬사를 보냈다. 그리고 한국이 주도하는 이번 시간 여행이, 지금껏 많은 일이 그랬듯, 또다시 완벽한 성공을 거두리라고 믿어 의심치 않았다. 하지만 막상 눈앞에서 광자로켓을 보자 미미한 의구심이 스며드는 것까지 막을 수는 없었다.

"오늘이 크리스마스이브의 이브구나. 과연 저 괴물이 이번 일을 제대로 해낼 수 있을까?"

이런저런 생각에 잠을 제대로 이루지 못해도 시간은 무심하게 흘러 출발일이 밝았다. 실제 출발은 정오이므로 시간이 아직 조금 남았지만 일행과 일석이가 더 이상 직접 대면할 기회는 없었다.

"저기, 석이가 손을 흔드네요."

일석이와 일행은 멀리서 손으로 인사를 주고받았다. 세세한 표정을 보려면 기지 안의 큰 모니터가 더 좋지만 일행은 모두 얼굴도 거의 알아볼 수 없는 창가로 몰려들었다. 이윽고 거대한 로켓이 우주 기지의 본체로부터 분리되기 시작했다. 발사 때의 충격을 피하기 위하여 느린 속도로 분리한 다음 10킬로미터 떨어진 허공에서 정식 발사가 이루어진다.

"잠시 뒤, 제1단의 로켓이 점화됨으로써 역사적인 인류 최초의 시간 여행이 시작됩니다."

전 세계와 우주 기지 전체에 안내 방송이 울려 퍼졌다.

"광자로켓은 위력이 너무 강하므로 첫 단계에서는 일반 로켓을 사용합니다. 또한 광자로켓의 광도가 워낙 세고 방사선도 강하므로 우주 기지를 이런 위험에서 보호하려는 이유도 있습니다. 그리하여 번개 17호의 속도가 초속 100킬로미터에 이르면 일반 로켓을 분리하며, 지구로부터 100만 킬로미터쯤 떨어진 곳에서부터 광자로켓을 가동합니다."

방송이 진행되는 도중 시야에서 점점 멀어지던 번개 17호는 연필 모양만큼 가늘어졌다.

"드디어 카운트다운이 한 자리 숫자로 다가왔습니다. 모두 함께 따라 세어 주십시오."

아나운서의 멘트가 끝나자 우주 기지 가득 합창이 울려 퍼졌다. 아마 저 아래 지구 전체에서도 마찬가지일 것이다.

"10, 9, 8 …… 3, 2, 1, 발사!"

흰 연기와 불꽃을 조금씩 흘려 내던 번개 17호는 발사 순간이 되자 갑자기 엄청난 양의 불꽃을 내뿜으며 앞으로 나아가기 시작했다. 처음에는 느릿느릿 나아가는 듯싶었다. 하지만 이내 속도를 내더니 사람들의 아쉬운 탄성이 끝나기도 전에 조그만 별빛처럼 작아졌고, 그나마도 곧 사라지고 말았다.

"안녕하세요, 선장님, 박사님, 일석 씨. 저는 여러분의 충실한 하인 지니입니다."

세 우주 비행사가 번개 17호의 조종실에 오르자 중앙 컴퓨터의 아리따운 입체 영상 지니가 먼저 인사하며 반겼다. 중앙 컴퓨터는 조종실 정면의 한가운데에 알라딘의 요술 램프 모습으로 놓여 있었고, 입체 영상 지니는 거기에서 연기처럼 만들어져 들락거렸다.

세 사람은 돌아가면서 마치 진짜 사람을 대하듯 지니와 가볍게 악수를 나누었다. 비록 실제로 손에 잡히는 것은 없었지만 악수 동작으로 손을 흔들면 지니도 거기에 정확히 맞추어 손을 흔들었다. 따라서 시각적으로는 완전히 자연스럽게 악수를 나누는 것처럼 보였다.

“이제 곧 발사가 시작되니 각자의 자리에 앉아 주세요.”

발사 순간이 다가오면서 우주선의 진동은 갈수록 거세졌다. 헬멧을 썼기에 소음은 크게 줄었지만 그래도 마이크로 전해 오는 소리가 썩 잘 들리지는 않았다. 카운트다운이 끝나자 로켓은 엄청난 추진력에 의해 앞으로 나아갔고 반대로 비행사들은 뒤쪽으로 크게 짓누르는 듯한 느낌을 받았다. 일석이는 속으로 중얼거렸다.

“으아, 되게 누르는구나. 하지만 훈련 때는 이보다 더 센 힘을 받으며 단련했으니까…….”

가속을 세게 할수록 우주선의 속도가 짧은 시간에 크게 빨라지겠지만, 인간이 버틸 수 있는 한계가 있으므로 무작정 세게 할 수는 없다. 따라서 신체적, 시간적, 경제적 요소 등을 종합하여 적절한 가속을 하도록 로켓을 설계한다.

이윽고 한참 동안 계속되던 가속이 중단되고 우주선은 일정한 속도로 나아가기 시작했다. 그러자 방금 전까지 무겁게 짓누르는 느낌이 사라지면서 우주선 안은 갑자기 무중력 상태가 되었다.

“이제 일어나셔도 됩니다.”

지니가 잽싸게 램프에서 빠져나와 외쳤다.

“박사님, 일석 군. 벨트를 풀고 로켓 분리 준비!”

“예, 선장님.”

세 비행사는 모두 자리에서 일어나 우주선 안을 둥둥 떠다니며 여러 가지 계기들을 바쁘게 점검했다. 이미 훈련 중에 이 과정을 여러 번 되풀이했으므로 낯설다거나 어색하기는커녕 아주 익숙했다.

"우주여행은 시작이 반이 아니라 4분의 3입니다."

교관이 이 말을 귀가 닳도록 강조했으므로 세 사람은 이 상황을 더욱 치밀하게 소화했다.

"선장님, 모든 기능 이상 무."

먼저 임 박사가 선장에게 보고했고, 이어서 일석이도 똑같이 보고했다.

"선장님, 모든 기능 이상 무."

끝으로 지니도 거들었다.

"이미 다 점검했으므로 안심해도 좋습니다."

"오케이. 우주 기지 나와라. 모든 기능 이상 무. 제1단 로켓 분리 실시!"

선장은 우주 기지와 교신하면서 모든 상황이 잘 진행되었음을 확인한 뒤 제1단 로켓의 분리 단추를 눌렀다. 그러자 가벼운 진동과 소음이 전해지더니 곧바로 다시 조용해졌다.

"우주 기지 나와라. 로켓 분리 완료. 모든 기능 정상."

선장은 다시 보고를 마치고 주위를 둘러보며 말했다.

"이제 잠시 이 속도로 비행하다가 우주 기지로부터 안전한 거리에 이르면 광자로켓을 점화합니다."

"예, 선장님."

임 박사와 일석이가 동시에 대답했다.

"자, 그러면 광자로켓의 점화 준비 단계로 들어갑니다."

세 사람은 다시 각자 맡은 임무를 시작했다. 광자로켓은 가속도가 엄청나므로 세 사람은 특수하게 제작된 캡슐 속에서 이 가속 기간을 지내야 한다. 따라서 광자로켓을 점화하기 전에 필요한 모든 점검을 끝내야 한다. 얼마 동안 바쁜 시간이 흐르고 다시 평온이 찾아왔다.

"이제 2단계 준비가 끝났습니다. 그럼 각자 캡슐에 들어가기 전에 구호를 한번 외치겠습니다."

세 사람은 우주선 한 가운데에 둥글게 모여 오른손을 높이 합쳐 들었다. 지니는 그 한 가운데에 앉아서 재미있다는 듯 쳐다보았다.

"필승! 위하여!"

그런 뒤 먼저 일석이가 캡슐에 들어갔고, 임 박사가 점검했다. 다음으로 임 박사가 들어가고, 선장이 점검했다. 마지막으로 선장은 자동 비행 스위치를 올리고 캡슐에 들어갔다. 이제 조금 있으면 지니의 통제 아래 광자로켓이 자동으로 점화하여 일정한 시간 동안 가속된 뒤 목표로 삼은 속도에 이르면 가속을 중단하고 캡슐이 열릴 것이다.

"자, 지니, 잘 부탁해."

"네, 걱정 마세요, 선장님!"

"그럼 모두에게 행운을……."

선장은 마음속으로 중얼거리며 눈을 감았다. 잠시 후 광자로켓의 꽁무니에 달린 거대한 반사경의 초점에 물질과 반물질이 분사되었다. 그러자 순식간에 태양을 바로 곁에서 보는 것보다 더 강렬한 빛이 뿜어져 나오면서 로켓을 엄청난 힘으로 가속시켰다. 세 사람은 가물거리는 의식을 지키려 무의식적으로 안간힘을 썼지만 결국 모두 깊은 잠으로 빠져들고 말았다.

얼마의 시간이 흘렀을까. 광자로켓의 꽁무니는 강렬한 빛을 서서히 줄이더니 마침내 완전히 동작을 멈추었다. 그러자 번개 17호에는 다시 평화로운 무중력 상태가 찾아왔으며, 지니는 모든 것을 스스로 점검했다. 이윽고 필요한 절차가 끝나자 지니는 세 사람의 의식 상태를 살펴보았다. 그리하여 모두 정상임을 확인한 뒤 가벼운 전기 충격을 가했다. 가장 먼저 캡슐에서 일어난 선장은 들어갈 때와 반대의 순서로 점검했고, 임 박사와 일석이도 캡슐에서 빠져나왔다.

"일석 군, 우리가 이번 시간 여행을 예정대로 끝내려면 얼마 정도의 속도로 비행해야 하는지 계산해 봤지?"

"예, 선장님. 제가 나름대로 공부해서 깨달은 특수상대성이론의 시간지연 관계식으로 계산하면 광속의 0.9798배 정도입니다."

"그러면 결과는 어떻게 되지?"

"우리가 3개월 동안 이 속도로 여행하면 지구에서는 15개월이 흐릅니다."

"그러면 우리는 어디까지 여행하고 올 수 있다는 뜻인가?"

"우리 우주선의 현재 속도는 광속과 거의 비슷합니다. 따라서 간편하게 광속이라고 보면 3개월 동안 4분의 1광년의 거리를 여행한다는 말이 됩니다. 1광년, 곧 빛이 1년 동안 가는 거리는 지구와 태양 사이 거리의 6만 3천 배 정도입니다. 그런데 우리는 왕복 여행을 해야 하므로 3개월 동안에 8분의 1광년, 곧 지구와 태양 사이 거리의 8천 배 정도까지 나갔다가 돌아온다는 뜻입니다."

이야기를 들은 임 박사가 말했다.

"음, 일석 군. 잘 대답했네. 거의 외우다시피 정확하게 기억하고 있군."

"캡슐에 들어갔다 나왔어도 머리는 정상인 모양이죠."

"하하하, 이야기가 그렇게 되나?"

세 사람은 모처럼 긴장을 풀고 시원스럽게 웃어 제쳤다. 분위기가 좋은 것을 보고 지니도 깡충깡충 뛰면서 따라 웃었다.

"좋아, 그럼 이번에는 지니를 점검해 볼까?"

지니가 짐짓 바짝 긴장한 표정을 짓고 차려 자세를 취했다.

"일석 군이 말한 '지구와 태양 사이의 거리'를 보통 1AU(천문단위, astronomical unit)라고 부르잖아. 그런데 이게 정확하게 몇 미터일까?"

"예, 선장님. 149,597,870,000미터입니다. 더 정확히 일의 자리와 소수점 이하까지 말할까요?"

"하하하, 그 정도면 됐어. 어차피 나도 그 정도밖에 기억하고 있지 않으니까."

듣고 있던 임 박사가 보충 설명을 했다.

"다시 말해서 우리는 지구에서 태양계 바깥쪽으로 약 8,000AU만큼 갔다 와야 한다는 뜻인데, 태양계의 가장 바깥에 있는 행성인 해왕성과 태양까지의 거리가 약 30AU이니까 이것과 비교하면 쉽게 상상할 수 있지."

"박사님, 그런데 제가 짧은 기간 동안에 공부하느라 좀 혼란이 되어서 다시 여쭤 보고 싶은데요, 우리가 사는 태양계란 곳의 크기를 대략 어느 정도로 봐야 좋을까요?"

"흠, 그것은 곤란하면서도 좋은 질문이지. 먼저 곤란한 질문이라고 한 이유는, 태양계의 어느 곳에도 '여기까지가 태양계임'이라고 쓴 팻말 같은 게 없으므로 우리가 나름대로 기준을 세워야 하는데, 그게 말처럼 쉽지 않기 때문이지. 반면 좋은 질문이라고 한 이유는, 적절한 기준을 찾는 과정에서 여러 모로 많은 것을 배우게 될 것으로 예상되기 때문이네."

"예, 그럼 그런 대로 괜찮은 기준으로는 어떤 게 있습니까?"

"아무래도 맨 첫째 기준으로는 태양의 가장 바깥쪽 행성인 해왕성까지를 태양계의 경계로 보는 것을 들 수 있지. 이렇게 볼 경우 태양계의 크기는 이미 말했듯 약 30AU라고 할 수 있네. 하지만 여기에는 단점이 있어."

"그게 뭡니까?"

"예를 들어 혜성 가운데 가장 유명한 핼리 혜성(Halley's Comet)을 생각해 보세. 혜성들은 길쭉한 타원 궤도를 그리는 게 많은데, 핼리 혜성도 멀리 갈 때는 태양으로부터 35AU까지 멀어지지. 이처럼 핼리 혜성은 멀어질 때는 해왕성보다 더 멀리 가지만, 어쨌든 주기적으로 태양계를 방문하고 태양계에서 오래 지내니까 태양계의 가족으로 봐주는 게 좋지. 이처럼 아주 멀리서 오가는 혜성까지 포함한다면 태양계의 경계는 더 확장되어야 할 걸세."

"그럼 어디까지 확장해야 합니까?"

"바로 그게 곤란한 점이지. 하지만 대략 요약해서 말하면 해왕성 밖으로 카이퍼 벨트(Kuiper belt)라는 게 있고, 그 밖으로 힐스 구름(Hills cloud), 다시 그 밖으로 오르트 구름(Oort cloud)이란 게 있네. 그리고 그것들과 태양과의 거리는 각각 30~1,000AU, 1,000~10,000AU, 10,000~100,000AU 정도로 추정하고 있지."

"곤란하다는 점은 그렇다 치고, 태양계도 크게 보자면 아주 엄청나게 넓어지네요."

"태양에서 가장 가까운 항성인 프록시마 켄타우리(Proxima

centauri)라는 별이 약 4.2광년, 곧 약 27만AU 정도 떨어져 있으니까 오르트 구름까지를 태양계로 본다면 태양과 이 별 사이의 대략 가운데 지점까지를 태양계라고 할 수도 있네."

"예, 그렇군요. 그럼 우리가 이 시간 여행에서 태양으로부터 8,000AU 정도까지 갔다 오니까, 음…… 대략 힐스 구름의 끝자락까지 살펴보고 오는 셈이군요."

"그렇지. 그래서 바로 태양계에 대한 연구를 전공하는 내가 동승하게 되었지."

[4] 낮의 맑은 하늘이 파랗게 보이는 것은 너무나 평범한 현상이다. 하지만 놀랍게도 그 이유에 대한 과학적 해명은 과학사상 아주 최근이라고 할 19세기 말에야 시작되었으며, 아인슈타인은 1910년에 펴낸 논문을 통해 이 문제에도 중요한 기여를 했다. 태양에서 오는 빛은 무지개에서 잘 드러나듯 여러 가지 색깔의 빛이 섞여 있다. 햇빛은 대기를 통과하여 우리 눈에 닿는데, 오는 도중 대기 속의 공기 분자나 아주 작은 먼지와 무질서하게 충돌하면서 곳곳으로 산란된다. 이렇게 산란되는 정도는 색깔에 따라 다르며, 흔히 '빨주노초파남보'라고 불리는 무지개 색의 뒤쪽으로 갈수록 더 잘 산란되므로, 파란색보다는 남색과 보라색이 더 잘 산란된다. 하지만 우리 눈은 파란색에 더 민감하며, 이 때문에 하늘 가득 파란색으로 채워진 것처럼 보이는 것이다.

반면 아침과 저녁의 노을은 빨간색을 띠는데, 그 이유는 아침과 저녁에는 태양이 지평선 부근에 있기 때문이다. 낮에는 태양이 머리 위에 있으므로 햇빛이 우리 눈에 들어오기까지 통과할 대기층이 그다지 두껍지 않다. 하지만 아침과 저녁에는 태양이 비스듬히 있으므로 햇빛이 우리 눈에 들어오려면 훨씬 두꺼운 대기층을 통과해야 한다. 이에 따라 산란이 잘되는 빛은 우리 눈에 닿지 않을 정도로 아주 먼 곳의 대기층에서 산란되어 사라져 버리며, 낮에는 잘 산란되지 않는 빨간색에 가까운 빛이 끝까지 살아남아 우리 눈에 닿는다. 이처럼 우리가 지표면에서 쳐다보는 하늘 색깔은 산란 때문에 생겨난다. 그러므로 대기층을 벗어난 우주 공간으로 나가면 한낮이라도 빛이 없는 곳은 완전히 까만 암흑으로 보인다.

잃어버린 나를 찾아

4

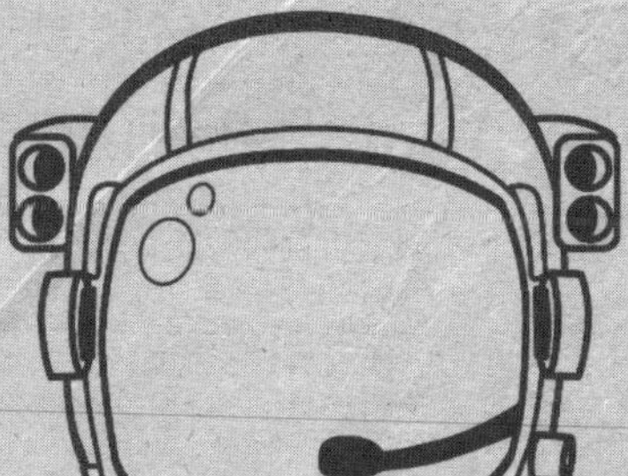

광자로켓을 가속하여 목표로 삼은 속도에 도달한 번개 17호는 까마득한 태양계 변방을 향해 하염없이 비행했다. 태양계의 제1경계라고 할 수 있는 해왕성의 궤도는 광자로켓 가속 단계에서 이미 지나 버렸다. 따라서 이제는 행성이라고는 만날 일이 없으며, 무수히 많기는 하지만 드문드문 널려 있는 작은 천체를 만날 수 있을 뿐이다. 인류는 이미 무인위성을 통해 이 부분에 대해 기본적인 탐사를 했다. 그러나 인간이 직접 우주선을 타고 탐사하기는 이번이 처음이다.

"갈수록 지구와 교신하는 데 걸리는 시간도 늘어나는군요."

예상했던 일이지만 지루함을 달래려고 일석이가 말문을 열었다.

"조금 전에 받은 메시지는 지난달에 보낸 것이더군."

선장이 말을 받았다. 선장은 매일 여행 과정을 점검하고 일지를 작성하는 등의 일을 맡았지만, 대부분 지니가 도와주므로 그다지 바쁠 것은 없었다.

"지구에서는 강한 출력으로 보내니까 우리 여행이 끝나도록 그

신호를 모두 받을 수 있지만, 우리가 보내는 신호의 출력은 얼마 가지 않아 지구에서 수신할 수 없을 정도까지 떨어질 거야."

말을 마친 선장은 다시 지니와 바둑, 체스, 전자오락 등 세 가지 게임을 동시에 진행했다. 지니는 허공에 세 게임의 입체 영상을 띄워 놓고, 자신도 세 가지 다른 모습의 분신으로 만들어 선장을 상대했다.

한편 임 박사는 날이면 날마다 바빴다. 눈만 뜨면 번개 17호 주변에 설치된 수많은 측정 기기를 점검하거나 가동하고, 자료를 수집하거나 분석하고, 뭔가를 쓰거나 작성했다. 또 일석이에게 여러 가지 일을 시켰고, 특히 지니를 쉴 틈 없이 부려 먹었다.

"아하, 석이가 일거리를 하나 달라고 하는군."

일석이가 말문을 연 지도 한참 지났는데, 그제야 보던 자료에서 눈을 뗀 임 박사가 짓궂은 표정을 지으며 일석이에게 고개를 돌렸다.

"저…… 꼭 그런 뜻은 아닌데요."

"그게 아니면, 음…… 학생이니까 공부거리를 줄까?"

"공부거리요? 시간 여행도 여행인데, 여행 와서도 공부해요?"

"이리저리 빼기는……. 그럼 수수께끼 하나 내 볼까?"

"예, 좋아요."

"비 오는 날 버스 정류장에서 현관까지 100미터를 우산 없이 가야 한다고 가정해 보세. 천천히 걷는 것과 빨리 뛰는 것 가운데 어느 게 비를 덜 맞을까?"

"그야…… 빨리 뛰는 거요."

"왜?"

"빨리 뛰면 비를 맞는 시간이 줄어드니까요."

"그래? 하지만 빨리 뛰면 천천히 갈 때는 맞지 않을 앞쪽의 비까지 맞는데?

"아, 그러네요. 빨리 뛰면 비를 맞는 시간은 줄어들지만 앞쪽의 비까지 맞는군요. 그럼 천천히 걷든 빨리 뛰든 맞는 비의 총량은 똑같겠네요?"

"아하, 그래? 그럼 왜 사람들이 비가 올 때 가까운 거리는 막 뛰어서 갈까?"

"그야, 깊이 생각해 보지 않기 때문이지요. 저는 이제 분석을 해서 알았으니까, 지구로 돌아가면 다음부터 비가 오더라도 보통 때와 똑같이 걸어가겠습니다."

"으흠, 그래? 그게 결론이야? 정말 그래?"

임 박사가 놀리듯 되묻자 일석이는 점점 확신을 잃어 갔다.

"아닙니까? 그럼 어떻게 되죠?"

"쉽게 답을 말해 주면 공부도 수수께끼도 아니지. 잘 생각해 봐. 다만 한 가지 이야기해 주고 싶은 것은, 인간의 직관은 생각보다 대단하다는 거야. 이 문제에서 계산도 분석도 없이 빨리 달려야겠다고 직관적으로 판단하는 게 그 중요한 예 가운데 하나이지!"

일석이는 느슨했던 정신이 갑자기 긴장되는 기분을 느꼈다.

그런데 잠시 더 생각해 보던 일석이는 다른 의문이 더 중요하게 떠오름을 깨달았다.

"박사님, 답은 아직 못 알아냈지만 다른 게 궁금해집니다. 생각해 보면 이것 말고도 우주나 로켓 등 많은 문제가 있을 것 같은데 왜 하필 이 문제를 내셨습니까?"

"야, 역시 석이는 대단하군. 뽑힐 자격이 있긴 있어."

일석이는 목을 쭉 빼서 잠시 우쭐거리고는 다시 진지한 표정을 지었다.

"내가 이걸 물어보는 이유는, 지금 우리가 태양계 변두리를 지나가고 있지만 이곳이 완전히 텅 빈 곳은 아니란 점을 생각해 보기 위해서야. 지구에서 사람이 살기 전에 무서운 것 없이 잘 살던 공룡들이 어떻게 멸종되었는지 알고 있지?"

"예. 여러 가지 가설들이 있지만, 오래 전에 아주 큰 운석이 지구와 충돌했고, 그로 인해 기후가 급변해서 멸종되었다는 설이 가장 유력하다고 알고 있습니다."

"좋아. 그런데 그 운석 충돌설이 사실이든 아니든 중요한 것은, 태양계 안으로 수많은 운석이 들어오고 있고, 그 운석들이 태양이나 지구 등의 여러 행성과 충돌해서 사라진다 이거야. 그런데 이런 현상이 몇 십억 년 동안 계속되었으면 태양계 운석이 고갈되었을 만도 한데, 실제로는 아직도 계속 새로 나타나곤 해. 다시 말해서 태양계 변두리의 어딘가에 이런 운석을 보급하는 창고 역할을 하는 곳이 있다는 뜻이야. 그리고 이미 말했던 카이퍼 벨트, 힐스 구름, 오르트 구름 등이 그런 곳으로 여겨지지."

"아, 알겠습니다. 그러니까, 우리가 지금 그런 곳들의 한 부분을 여행하고 있으니까…… 말하자면 살금살금 천천히 지나가는 것과 반대로 광속에 가까운 속도로 빠르게 지나가는 것 중, 어느 게 더 운석을 만날 가능성이 높은지 생각해 보자 이런 뜻입니까?"

"그렇지, 그렇지! 자, 알았으면 이제 본격적으로 잘 생각해 봐."

게임에 열중하던 선장도 언제부턴가 이 대화에 정신이 쏠렸다. 그런데 가만히 듣고 보니 아주 어렸을 때 생각해 보긴 했지만 대충 그냥 흘려버린 기억이 났다.

"흠, 박사님. 나도 그걸 생각해 본 기억이 아스라이 나는군요."

"아, 그러십니까? 간단하지만 심심풀이로 좋으니까 다시 한 번 생각해 보시죠."

그 뒤로 꼬박 반나절을 끙끙대던 일석이는 마침내 문제의 정답을 찾아냈다.

"박사님, 드디어 알아냈습니다. 그러니까 거리가 일정한 이상 몸의 앞면은 속도에 상관없이 같은 양의 비를 맞지만, 몸의 윗면은 빨리 가면 적게, 느리게 가면 많이 맞습니다. 따라서 빨리 뛰면 비를 맞는 총량이 줄어드는데, 그것은 오직 빗줄기의 수직 성분에 해당하는 양이 줄어들기 때문입니다."[5]

"하하하, 장하군, 장해. 일석이, 이 정도면 우등생인데? 표현도 아주 잘했어."

선장도 생각은 해 봤지만, 다른 일도 많고, 이리저리 빈둥거리다 보니 별로 집중할 수가 없었다. 그래서 나중에야 일석이와 임 박사의 설명을 듣고 모두 이해했다.

"좋아. 그러면 이번에는 상황을 조금 바꿔서 생각해 보세. 지금 우리의 번개 17호는 힐스 구름 지역을 지나고 있어. 어찌 생각하면 기분 좋은 일은 아니고, 또 확률이 극히, 정말로 극히 작은 일이니까 생각해 볼 필요도 없는 일이긴 한데…… 뭐, 우리는 과학을 하는 사람들이니까, 생각해 보는 것도 나쁘지 않겠지."

"아, 빗줄기 문제를 우리 로켓의 상황에 비춰 생각해 보면 어찌 될까, 이겁니까?"

"그렇지. 한번 이야기해 봐."

임 박사와 선장이 동시에 일석이를 물끄러미 쳐다보며 답을 기다렸다.

"아이고, 두 분이 함께 쳐다보시니 너무 쑥스럽네요. 조금 생각해 보고 말하겠습니다."

지니가 옆에서 아양스러운 몸짓과 표정으로 일석이의 부끄러움을 대신 연기했다. 그러자 선장과 임 박사는 껄껄 웃으며 "그래. 정리되면 말해."라며 돌아섰다. 잠시 후 일석이는 자신감을 되찾고 이야기했다.

"우리 번개 17호는 연필처럼 뾰족한 몸통에 꽁무니에는 큰 반사경이 달린 형태입니다. 단순하게 가늘고 긴 원기둥이 누운 채 날아간다고 생각하면 좋겠습니다. 그러면 아까 빗줄기 문제와 비교해 볼 때, 원기둥의 앞면, 곧 단면이 원인 부분은 거리가 일정한 이상 운석과 충돌할 확률은 속도와 상관없습니다. 하지만 원기둥의 옆면, 곧 펼치면 직사각형이 되는 부분은 느리게 갈수록 충돌할 확률이 높아집니다."

"잘했어. 분석도 정확하지만, 무엇보다 적절한 비유가 참 마음에 들어. 나중에 혹시 교수님이 되면 명 강의로 이름을 날리겠는데? 하하하."

"아이고, 뭘요. 제 꿈은 최고의 우주 비행사입니다. 하지만 어쨌든 감사합니다."

그러나 극미의 확률도 확률이 완전히 0인 경우와는 상황이 다르다. 예를 들어 '1조 분의 1'의 확률이라면 '극미의 확률'이라고 부를 만하며, 보통의 경우 그런 일은 무시하는 게 당연하다. 하지만 '1조 분의

1'이라도 다시 '그것의 1조 분의 1'이라는 확률에 비하면 1조 배나 가능성이 높은 일이 된다.

번개 17호의 시간 여행 계획을 세울 때 운석과의 충돌이라는 사고 확률도 당연히 미리 고려했다. 그런데 그 확률이 보통의 숫자로 쓸 경우 소수점 이하의 0을 헤아리기조차 어려울 정도로 작은 값이 나왔다. 그래서 사람들은 "운석과의 충돌 사고는 일어날 리가 없다."라고 말했다. 하지만 엄밀히 따져 볼 때 "일어날 '리(理)'가 없다"는 말은 확률이 0인 경우에 쓰는 말이지 극미의 확률을 가리키는 말은 아니다.

나아가 애초에 운석과의 충돌 확률을 고려할 때 비교적 '큰 운석'만 가정했을 수도 있다. 그러나 광속에 가까운 비행에서는 아주 작은 물체도 매우 위험하다. 예를 들어 총알은 야구공보다 작지만 속도가 빠르기 때문에 오히려 훨씬 위험하다. 운동 에너지는 속도의 제곱에 비례하기 때문이다. 따라서 실제로 예상했어야 할 운석과의 충돌 확률은 애초의 계산 결과보다 훨씬 컸을지도 모른다.

이를 약간 다른 식으로 생각해 보자. 45개의 숫자 가운데 6개를 임의로 골라서 맞추는 로또 복권의 당첨 확률은 얼마일까? 수학의 기초 개념 가운데 하나인 조합 공식을 이용하면 8,145,060분의 1로 계산된다. 어떤 사람이 로또 복권을 하나 사서 이것이 맞을 경우를 가정하고 집을 미리 사면 잘한 일일까 아닐까? 오늘 일기 예보에 비가 올 확률이 80퍼센트라고 하면 많은 사람이 우산을 챙길 것이다. 반면 10퍼센트라고 하면 대부분 챙기지 않을 것이다. 더구나 오늘 비가 올 확률이 8,145,060분의 1이라면 우산을 챙겨야 할까? 더욱이 다른 짐만 해도 엄청 많을 경우에는 어떨까?

이번 시간 여행이 반환점에 이를 무렵, 운석의 부스러기 중의 부스러기라고 할 만한 작은 쇠붙이 하나가 힐스 구름 끝자락의 칠흑 같은 어둠 속을 헤매고 있었다. 이것도 태어날 순간에는 온몸이 녹아날 정도의 뜨거운 폭발이나 충돌을 겪었다. 하지만 그때뿐 조그맣게 얼어붙은 뒤에는 수십 억 년이 지나도록 단 한 줄기의 빛도 온기도 쐬어 본 적이 없었다.

그런데 이 혹독한 고독의 세월이 지난 뒤 마치 시원의 순간에 이미 정해진 운명이기라도 한 듯, 하나의 비행체가 이 쇠붙이를 향해 날아들고 있었다. 이 쇠붙이는 스스로 아무 행동도 하지 않았기에 누구도 이것을 탓할 수 없다. 다만 그 비행체가 광속에 가까운 엄청난 상대 속도로 날아들었을 뿐이다.

어느 날 모두 조용히 휴식을 취하고 있을 때였다.

"선장님, 선장님!"

지니의 비명에 가까운 소리가 번개 17호 안의 모든 공간에 울려 퍼졌다.

"삐, 삐, 삐."

지니의 반응과 상관없이 사고가 나면 자동으로 작동하는 경고음도 한데 어울려 순식간에 번개 17호는 혼란의 도가니가 되었다.

"뭐야, 지니. 정확히 말해 봐!"

조종실의 계기반을 보고 경고음의 원천이 방향 전환 로켓임을 파악한 선장은 경고음을 끄고 지니에게 물어보았다. 방향 전환 로켓이란 번개 17호의 앞부분에 설치된 네 개의 작은 로켓을 가리키는데, 이것들은 번개 17호의 앞부분을 둘러싼 고리 모양의 구조물에 90도 간격으로 배열되어 있다. 마치 비행기의 꼬리 날개와 같은 역할을 하지만, 우주 공간에는 공기가 없어서 로켓을 쓰고 번개 17호의 앞쪽에 배치됐다는 점이 다르다.

"방향 전환 로켓의 연료관이 파손되었습니다. 운석과의 충돌 때문으로 보입니다. 파손된 것이 주 연료관이어서 네 개의 로켓 모두 작동할 수 없습니다."

"뭐라고? 아니, 아니…… 그게 어떻게……?"

"일단 주 연료관으로 연결된 연료 밸브는 차단했습니다. 하지만 연료관을 보수하지 않으면 이 로켓들은 사용할 수 없습니다."

"아, 아……."

이제야 가까스로 정신을 차린 세 사람의 입에서는 잠시 그저 탄식만 흘러나올 뿐이었다.

"지니, 카메라로 비춰 봐!"

선장의 명령에 따라 지니가 번개 17호의 몸체에 달린 카메라의 팔을 움직여 사고가 난 부분을 촬영해 조종실 화면에 띄웠다. 지니가 말한 대로 번개 17호의 몸체를 타고 두꺼운 정맥처럼 뻗은 주 연료관에 지저분한 구멍이 뻥 뚫려 있었다. 그런데 기막힌 불행 중의 다행이랄까, 충돌한 쇠붙이는 몸체를 스치듯 지나갔던 것으로 보였다. 따라서 주 연료관만 터뜨렸을 뿐 번개 17호의 몸통 자체까지 관통한 것은 아니었다.

"지니, 우주 유영을 준비하도록!"

"네."

선장은 카메라의 영상만으로 부족했던지 직접 나가서 살펴보기로 했다. 구멍이 총알구멍처럼 깨끗이 뚫렸다면 어떻게든 보수가 가능할 수도 있다. 그런데 스치듯 지나가면서 생긴 것이어서 사뭇 길게 찢어진 상처와도 같았다. 과연 수리할 수 있을까?

"아무래도 안 되겠어. 도무지 어떻게 해 볼 엄두가 안 나!"

우주 유영에서 돌아온 선장이 털어놓았다. 그러자 실낱같은 희망을 품고 기다렸던 임 박사와 일석이는 절망에 휩싸였다.

"아, 말이 씨가 된다더니……. 뭐 한다고 그따위 계산을……."

임 박사는 머리를 두 손으로 감싸 쥐며, 이 사고를 자신에 대한 비난으로 몰아갔다. 그저 심심풀이로 해 봤던 운석과의 충돌에 대한 분석이 뜻밖에도 이 사고를 불렀다는 생각이 무의식적으로 스며든 모양이었다.

“아니, 박사님. 일류 과학자인 박사님이 그런 생각을 하시다니……. 이것은 누구의 잘못도 아니고, 그냥 이렇게 된 것뿐입니다. 그냥 그런 거지요.”

한참 동안 어리둥절해 있던 일석이가 차분한 마음을 되찾고 선장에게 물어봤다.

“선장님, 저도 한번 나가서 보고 와도 되겠습니까?”

“그러지 뭐. 어차피 수리를 할 수 있었다면 같이 나가야 했을 테니까.”

일석이는 우선 사고 부위의 모습이 궁금했고, 태양계의 변두리에서 우주 유영도 해 보고 싶었고, 오랫동안 갇혀서 지낸 터라 나가 봐야 갈 곳도 없지만, 어쨌든 해방감을 느끼고 싶기도 했다.

이윽고 우주선 밖으로 나온 일석이는 기이한 기분이 온몸에 퍼지는 느낌을 받았다. 셀 수 없이 많은 별빛을 빼면 더 이상 까말 수 없을 정도로 까만 암흑이 사방으로 펼쳐져 있었다. 또한 헬멧을 쓰고 있었지만 암흑천지의 괴괴한 침묵이 그대로 전해 오는 듯 했다.

‘아, 참으로 신비롭다. 이 텅 빈 암흑이 오히려 공허 그 자체의 실체인 듯하구나. 그리고 이 무한한 침묵이 오히려 침묵의 소리를 내는 듯하구나.’

일석이는 한없는 시공의 모습에 홀리는 한편 자신의 머리에 이런 표현이 떠오르는 것도 경이롭게 여겼다. 우주선의 몸체를 더듬어 가던 일석이는 마침내 사고가 난 부분에 이르렀다. 가까이서 작은 불빛을 비춰 자세히 살펴보았더니 상처는 생각보다 복잡했다.

'관을 통째로 갈지 않고 어떻게 수리해 볼 도리는 없겠구나.'

일석이는 속으로 중얼거리며 천천히 돌아섰다. 그리고 다시금 무한한 공간을 한껏 감상하면서 왔던 길을 되돌아갔다.

사태의 심각성을 깨달은 세 사람은 머리를 모으며 둘러앉았고, 지니는 걱정스런 표정을 지으며 조금 떨어진 곳에 다소곳이 서 있었다.

"이제 여행도 반환점에 거의 이르렀는데, 방향 전환 로켓이 저 모양이 되었으니 어찌해야 할까요?"

선장이 임 박사에게 말을 건넸다. 세 사람은 이 사태를 해결하지 못하면 길은 하나, 오직 죽음밖에 없다는 사실을 분명히 알고 있었다. 하지만 놀랍게도 이 사실을 명확히 알고 나니 도리어 한결같이 침착해졌다.

"저도 뾰족한 수가 떠오르지 않습니다. 대체할 부품도 없고, 수리도 불가능하고……. 네 로켓 중 하나라도 가동되면 방향을 바꿀 수 있는데…… 넷 다 쓸 수 없으니……."

그런데 뜻밖에도 해결의 실마리가 일석이에게서 나왔다.

"저…… 박사님. 저는 잘 모르지만…… 우주선 앞쪽의 로켓이 고장 났지만 뒤쪽의 로켓은 멀쩡하니 그걸 이용하면 되지 않을까요?"

"뒤쪽 로켓이라니? 뒤쪽에는 광자로켓뿐인데? 그것은 방향 전환용이 아니라 추진용인데?"

"추진용은 방향 전환을 못하나요?"

그 순간 대화를 듣고 있던 선장이 갑자기 손뼉을 쳤다.

"야, 그것 좀 생각해 봐야겠는데? 박사님, 역시 아이들 머리가 부드럽군요. 우리는 생각도 못한 것을 떠올리다니 말입니다."

"아니, 선장님, 무슨 말씀인가요?"

"아이고, 박사님도. 광자로켓이 아무리 추진용이라지만 어떻게든 추진 방향을 바꾸면 방향도 전환할 수 있지 않을까요?"

그제야 임 박사도 머리가 확 깨는 느낌을 받았다. 자신은 너무 과학적으로만 생각해서 막혔던 반면, 일석이와 선장은 그런 것에 크게 얽매이지 않았기 때문에 언뜻 터무니없어 보이는 이 아이디어를 떠올렸을 것이라 추측했다.

"아하, 그렇군요. 분명히 그렇긴 그래요. 그런데 말입니다, 과연 광자로켓의 방향을 몸통에 대하여 얼마나 비틀 수 있을까요? 아주 조금이라도 비틀 수 있을까요? 완전히 고정되어 있으면 안 되는데……."

선장이 지니를 불렀다.

"지니, 광자로켓과 우주선 몸체의 연결 부분에 대한 설계도를 점검해 봐. 그리고 혹시 말인데, 연결 부분을 손대지 않고도 광자로켓의 추진 방향을 조절할 수 있는지도 점검해 봐."

"예, 알겠습니다. 선장님."

잠시 후 지니가 보고했다.

"선장님. 연결 부분을 손대지 않고도 광자로켓의 추진 방향을 조절할 수 있습니다. 다만 조절할 수 있는 최대 각도가 5도입니다. 연결 부분을 손댄다면 더 조절할 수도 있습니다. 그러나 이 경우 상당히 힘든 작업을 해야 하며, 그렇게 한다고 해도 최대 10도가 한계입니다."

"음, 좋아, 좋아. 박사님, 일석 군. 최소한 희망은 남은 셈입니다. 이제부터 어찌해야 할지 정확히 판단하고 실행하지요."

"알겠습니다. 선장님."

필요한 모든 일을 세밀히 점검한 뒤 세 사람은 다시 모였다.

"계산에 따르면 광자로켓의 추진 방향을 조절하여 지구로 돌아갈 경우, 커다란 원과 같은 우회 경로를 그리며 가야 하므로 여행 기간이 9개월 더 늘어납니다."

"9개월이나요?"

"여기에 새로운 가속을 감안하면, 음…… 계산이 좀 복잡하지만, 우리는 1년, 지구는 6년이 지나 결국 5년 차이가 나게 됩니다."

세 사람 사이에는 잠시 침묵이 흘렀다.

“그런데, 우리가 9개월을 더 버틸 수 있습니까? 식량과 에너지가 그때까지 남아날까요?”

“따라서 이제부터는 비상사태로 들어가야 합니다. 식량과 에너지 소비를 최소한으로 줄이고, 근무도 3교대로 해야 합니다.”

“3교대는 어떤 식으로 합니까?”

“한 사람은 최소한의 식량과 에너지로 버티고, 다른 두 사람은 저온 캡슐에 들어가 동면 상태로 지냅니다. 다만 너무 기간이 길면 건강을 크게 해칠 수 있으므로 일단 일주일 간격으로 시작하고, 나중에 상황을 보면서 조절하겠습니다.”

세 사람은 의논을 마치고 광자로켓 조절에 나섰다. 마침내 모든 작업이 끝나자 서로 격려의 악수를 나누었고, 선장을 남긴 채 임 박사와 일석이는 저온 캡슐로 들어갔다.

“지니, 잘 부탁해. 이제부터는 지니의 역할이 가장 중요해.”

임 박사의 당부에 지니는 경례를 하며 진지하게 대답했다.

“네, 박사님. 일석 씨도 걱정 마세요.”

이로부터 여러 달 동안 번개 17호는 힐스 구름을 지나 오르트 구름까지 헤매 다녀야 했다. 임 박사는 탐사와 연구 영역이 늘어났지만 체력과 에너지가 충분히 뒷받침되지 않아 큰 제약을 받았다. 하지만 일석이는 아직 자라나는 청소년이라 가장 많은 식량을 배정받았다. 그래서 체력에 조금이나마 여유가 있었으며, 이를 이용하여 임 박사의 직간접적 지도를 받으며 지구에 돌아간 뒤 여러 모로 뒤처지지 않도록 열심히 공부하며 지냈다.

번개 17호가 떠난 지 어언 6년이 다 될 무렵, 고흥의 우주 센터는 갑자기 흥분에 휩싸였다. 언젠가부터 신호가 끊어질 것은 예상했지만, 다시 신호를 받을 것으로 예상한 때가 훨씬 넘도록 아무 소식도 없던 번개 17호로부터 미약한 신호가 전해져 왔기 때문이었다. 처음에 받은 신호는 너무나 미미하여 잡음과 거의 구별할 수 없었다. 하지만 이어서 전해져 온 신호는 점점 분명했고, 내용도 되풀이되어서 앞뒤를 잘 맞춰 봄으로써 번개 17호가 겪고 있는 상황을 정확히 파악할 수 있었다.

"자, 이제부터 번개 17호의 귀환 작전을 차질 없이 성공적으로 마쳐야 합니다."

우주 센터의 소장은 긴급회의에서 그동안 만일의 사태에 대비해 세워 둔 계획을 다시 설명한 뒤 이같이 말했다. 그러고는 모든 팀원과 당부 겸 격려의 차원에서 일일이 악수를 나누었다.

본래 번개 17호는 반환점에 이르면 스스로 방향 전환을 한 뒤 가속해서 지구로 돌아오고, 지구에 접근하면 또 스스로 방향 전환을 한 뒤 감속해서 귀환하도록 되어 있었다. 그러나 운석과의 충돌 사고로 번개 17호는 방향 전환을 자유롭게 할 수 없었다. 따라서 우주 센터에서는 번개 18호를 보내 번개 17호와 랑데부(rendezvous)와 도킹(docking)을 한 다음 번개 18호의 기능을 이용하여 번개 17호를 지구로 귀환시키기로 했다.

랑데부는 우주 공간에서 두 우주선이 만나는 것을 말하고, 도킹은 그 뒤 서로 결합하는 것을 말한다. 번개 18호는 다음 시간 여행을 위해 만들었지만 이번 비상사태에 긴급히 투입되었다. 번개 17호와 같은 과정을 통해 발사된 번개 18호는 카이퍼 벨트의 중간 부분에서 번개 17호를 맞이했다.

랑데부와 도킹을 하려면 두 우주선의 속도가 같아야 한다. 따라서 두 우주선은 모두 광속과 비슷한 초고속으로 비행했지만 상대 속도는 거의 0이어서 서로 빠른 속도를 조금도 실감할 수 없었다.

"선장님, 박사님. 번개 18호를 보세요. 우리 17호보다 훨씬 강하고도 멋들어지게 생겼습니다."

지구와의 교신이 이루어졌지만 아직 비상사태를 완전히 해제하지 않은 세 사람은 극도로 수척해진 상태에서 말을 주고받았다. 지니는 카메라의 각도를 이리저리 바꾸면서 번개 18호를 여러 모로 살펴 주었다.

"음, 정말 그렇군. 모습만 봐도 믿음직 해. 하지만 완전히 귀환할 때까지 조금도 방심해서는 안 돼."

"예, 알겠습니다."

마침내 할마헤라 섬 상공의 정지궤도에 설치된 우주 기지로 귀환한 세 우주 비행사는 전 세계의 열광적인 환영을 받으며 천천히 번개 17호에서 내려왔다.

"참으로 역사적인 순간입니다. 비록 중간에 예기치 않은 사고로 거의 5년이나 지연되기는 했지만, 그러기에 오히려 더욱 장쾌한 위업으로 기록되리라 확신합니다."

귀환 실황을 생생하게 중계하는 아나운서의 목소리가 감격에 겨워 조금씩 흔들리면서도 크고 분명하게 울려 퍼졌다.

"우리의 자랑스러운 김태영 선장, 임성휘 박사, 그리고 송일석 군이 들것에 실려 지금 막 번개 17호의 계단을 내려오고 있습니다. 비상사태에서 오랜 시간을 지내느라 세 사람의 체력은 극도로 쇠진해 있습니다. 따라서 이 역사적 순간에 조금 아쉽기는 하지만 건강을 보호하기 위하여 최대한 안전하게 이동하고 있습니다."

세 우주 비행사의 가족은 가장 가까운 창가의 자리를 배정 받아 지켜보았다. 그리고 그 가운데 김 선장의 부인과 임 박사의 약혼녀, 일석이의 부모만 직접 만나 보도록 배려되었다. 이들은 들것 가까이 다가가 재회의 기쁨을 나누었다. 하지만 너무나 가냘픈 세 사람의 모습에 이내 눈물을 터뜨리고 말았다.

축하 행사의 진행자는 서둘러 남은 절차를 마쳤고, 이후 세 우주 비행사는 우주 기지에서 2주일 동안 편안히 쉬면서 갖가지 정밀 검사를 받았다.

돌아온 지 사흘째 되는 날, 면회가 허락되어 일석이와 애지네 가족이 찾아왔다.

"석아, 석아."

"엄마, 아빠, 할아버지."

일석이가 침대에서 겨우 일어나 반가운 포옹을 끝낸 뒤 다시 눕자 할아버지와 아빠가 말없이 지켜보는 가운데 엄마는 웃으면서도 눈물을 멈추지 못했다.

1년으로 예정됐던 여행이 6년으로 늘어났기에 사람들은 어느 정도 혼란을 겪었지만 일혁이는 특히 더했다. 침대의 위쪽에서 일석이의 어깨를 만지작거리던 일혁이는 자기의 크고 튼튼한 몸에 비해 자그맣고 여위었을 뿐 아니라 너무 어린 일석이의 모습이 도무지 믿어지지 않았다.

"형……. 아, 이제 정말로 형이 되어 버렸네."

일석이의 이 말에 가족들은 결국 모두 눈물짓고 말았다. 아직 뒤쪽에서 지켜보던 애지도 하염없이 흘러내리는 눈물을 손수건으로 닦아 내느라 정신이 없었다. 분위기를 어떻게든 돌려 보려고 애지의 부모가 일석이의 부모를 가볍게 끌어 뒤쪽의 소파에 앉혔다. 그래서 일석이의 침대 주위를 이제 일혁이, 승현이, 그리고 애지가 둘러싸게 되었다.

"일석아……."

승현이가 가까스로 입을 떼었다. 승현이는 일석이의 가냘픈 손에 놀랐고, 일석이는 승현이의 굳센 손목에 놀랐다.

"승현아……. 아, 이렇게 변하다니. 승현이도 이젠 형이네."

"형은 무슨…… 어떤 일이 있어도 너와 나는 친구야."

"그래…… 그래. 고마워."

일석이는 애지에게 눈을 돌렸다. 겨우 눈물을 멈춘 애지는 힘겹게 미소 지으며 일석이의 눈길을 받았다.

"애지…… 야."

예전 같으면 당연히 "애지야."라고 짧게 불렀을 말이 지금은 너무 어색해져서 길게 늘어졌다.

"석이 오빠……."

애지는 여윈 일석이의 모습 위로 예전의 추억이 겹치며 지나가자 마음이 무너져 내렸다. 한편 일석이는 훌쩍 자랐을 뿐 아니라 활짝 핀 꽃처럼 아름다워진 애지의 모습에 마음이 무너져 내렸다.

두 가족은 다음 날 다시 한 번 면회를 한 뒤 한국으로 먼저 떠났다. 세 우주 비행사는 남은 기간 동안 우주 기지에 머물면서 체력과 건강을 회복하기로 했다. 이 기간도 거의 끝날 무렵 세 우주 비행사는 자유롭게 만나며 지낼 수 있었다.

"선장님, 박사님, 안녕하십니까."

미리 만나 이야기를 나누던 선장과 임 박사가 일석이를 반겼다.

"아, 일석 군. 들어오게."

"야, 일석이. 역시 팔팔한 나이라 회복도 엄청 빠르군. 우리보다 몰골이 훨씬 나은데?"

인사가 끝난 뒤 선장이 말했다.

"어이, 일석 군. 아마 여기서 지내는 2주가 어쩌면 평생 가장 편하고도 행복한 시간이 될 것 같네. 만사 제쳐 놓고 푹 쉴 수 있고, 누구나 축하해 주고, 시중들어 주고……. 하여튼 팔자 늘어졌네."

그러자 임 박사도 거들었다.

"예, 그러게 말입니다. 하지만 이 기간이 끝나면 한참 동안 정신없이 시달릴 겁니다. 저 밑에선 지금 대통령의 특별 훈장 수여식부터 시작해서 줄줄이 수많은 행사를 준비하고 있다고 하니……. 하이고, 내려가기가 겁날 지경입니다."

선장과 임 박사 두 사람은 모든 게 즐겁기만 한 모양이었다. 하지만 일석이는 마음이 무거웠다. 그래서 두 사람이 계속 떠들어도 같이 즐길 기분이 나지 않았다. 그러자 낌새를 알아차린 임 박사가 물었다.

"일석이, 무슨 걱정거리라도 있니?"

일석이가 쉽사리 입을 떼지 못하자 선장도 말을 건넸다.

"아니, 우리 일석 군이 뭔 일 때문에 이러나? 자, 자. 우리는 목숨 걸고 함께 다녀온 동지니까 뭐든 탁 털어놓고 지내세. 우리가 뭐든 도와줄 테니 말이야."

두 사람의 따뜻한 말에 일석이는 마음이 북받쳐 눈물을 주룩 흘렸다. 그리고 시간이 조금 지난 뒤 겨우 입을 열었다.

"선장님, 박사님. 두 분은 조금 불편하시겠지만 그래도 남들보다 5년이나 젊어진 게 오히려 좋으시겠지요. 그런데, 저는…… 저는 그렇지가 않습니다."

일석이의 말을 들은 두 사람은 운석 충돌 사고가 일어난 뒤에 막연히 예상했던 일이 현실로 닥친 것을 깨닫고는 잠시 할 말을 잃었다. 도착한 뒤 두 사람은 많은 사람을 만나고 여러 점검을 받으며 너무나 바쁜 시간을 보냈기에 일석이의 상황에 대해서는 미처 깊이 생각하지 못했다.

"어디, 좀 차분히 이야기해 보게."

일석이가 가족과 이웃을 만나서 겪은 이야기를 털어놓자 선장은 깊은 곳에서 울려 나오는 목소리로 말했다.

"으음…… 일석 군. 우리도 남들보다 5년 젊어진 게 다 좋지만은 않네. 다만 불편한 건 견딜 만하고, 좋은 점도 많기에 특별히 문제될 건 없지. 그렇지만 일석 군의 경우는 우리와 다르군. 자, 우리 지내면서 좀 더 생각해 보세. 반드시 좋은 길이 있을 거야. 우리가 도울 테니 힘을 내게. 응?"

선장의 말에 이어 임 박사도 거들었다.

"일석아, 선장님도 말씀하신 것처럼 우리는 이번 시간 여행에서 생사를 함께한 동지야. 이런 인연이 세상에 어디 있니? 앞으로 어떤 어려움이든 함께 헤쳐 가면 이번 여행처럼 잘 해결될 거야. 마음 풀고 천천히 좋은 길을 찾아보자."

일석이는 조금이나마 마음이 가벼워지는 것을 느꼈다.

"예, 잘 알겠습니다. 감사합니다."

[5] 이 문제는 아주 단순하지만 실제로는 여러 자료에 잘못된 설명이 많이 실려 있다. 문제를 쉽게 생각하기 위하여 사람의 몸을 직육면체로 보고, 비는 수직으로 일정한 양이 계속 떨어진다고 가정한다.

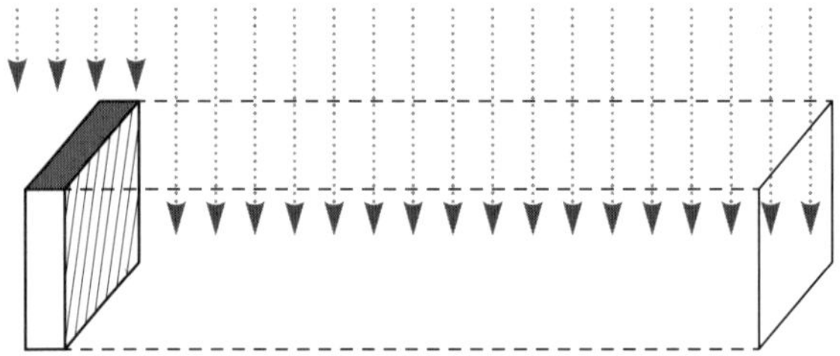

그러면 가만히 서 있든 뛰든 그림의 음영 부분에 해당하는 머리와 어깨 부분은 계속 비를 맞을 것이고, 빗금 부분에 해당하는 몸의 앞면은 가만히 있을 때는 맞지 않고 움직이면 그 앞에 떨어지는 비를 맞게 된다는 사실을 알 수 있다. 위 그림에서 점선으로 표시된 직육면체 부분이 버스정류장에서 현관까지 몸의 앞면이 통과할 부피라 보고, 어느 순간 그 안에 있는 빗방울이 모두 정지해 있다고 생각하자. 그러면 몸의 앞면은 천천히 걷든 빨리 뛰든 어차피 이만큼의 부피를 휩쓸고 지나가야 하고 따라서 그 안에 있는 빗방울만큼 젖어야 한다. 다시 말해서 몸의 앞면은 속도에 상관없이 일정한 거리를 지나면 같은 양의 비를 맞는다. 하지만 몸의 윗면, 곧 머리와 어깨는 빨리 통과하면 적게 맞고 느리게 통과하면 많이 맞는다. 결론적으로 답은 빨리 지날수록 비를 적게 맞는다는 것인데, 다만 그 이유는 빗줄기의 수평 성분의 양과는 무관하고 수직 성분의 양을 줄이기 때문이다.

두 번째 시간 여행

5

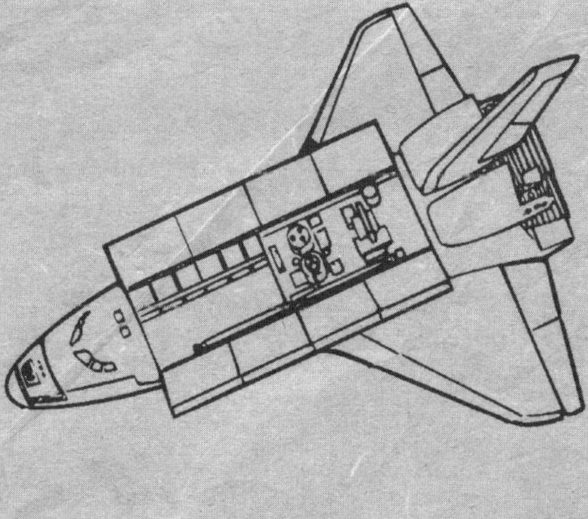

할마헤라 섬 상공의 우주 기지에서 한국으로 돌아온 세 사람은 서울 근교의 최고급 휴양 시설에 머물렀다. 이곳에서 의사, 영양사, 건강 관리인 등 여러 사람의 도움을 받으며 체력을 회복하고, 빽빽하게 잡힌 공식 행사를 우선순위에 따라 차근차근 소화하도록 나라에서 배려했기 때문이었다.

"야, 이러다가 우리 과연 집에나 돌아갈까 몰라."

어느 날 중국의 한 방송에 출연하고 돌아온 후 선장이 말했다.

"그러게 말입니다. 이제 예정된 일정의 절반이나 소화했는지 모르겠습니다."

임 박사가 대답하자 일석이도 덧붙였다.

"처음에는 재미도 있고, 음식도 맛있고, 별것 다 구경하고……. 하지만 이제 슬슬 만사가 다 귀찮아지네요."

다시 선장이 말을 이었다.

"물론 우리는 이런 행사에 협력해야 할 의무가 분명 있습니다. 그렇지만 우리도 사람이고, 단순한 구경거리가 되는 건 곤란합니다. 박사님, 이렇게 하는 게 어떨까요? 한없이 끌려 다니다간 우리 생활이 너무 엉망이 되니까, 우리 일정 총괄 담당자에게 이후의 일정을 좀 조정해 달라고요."

"예. 저도 그게 좋을 것 같습니다. 일석이는 어때?"

"당근 찬성입니다. 제발 저도 집에서 학교 좀 다니고 싶습니다."

이 말을 들은 선장은 크게 웃었다.

"하하하, 학생이 이토록 공부를 하고 싶어 하다니……."

그러자 임 박사도 말했다.

"공부 싫어하는 아이들을 죄다 한 달 정도 공부 못하게 하고 한껏 놀게 하는 것도 좋겠습니다."

이야기가 엉뚱해지자 석이는 서둘러 불을 껐다.

"아니, 저를 그런 아이들과 비교하시면 안 됩니다. 저는 진짜로 공부가 고파서 그런 것 아닙니까?"

임 박사가 일석이 어깨를 두드리며 말했다.

"그래, 그래. 알았다. 이제 농담은 그만하고……. 선장님, 정말 앞으로의 일정을 조정해 달라고 건의하는 게 좋겠습니다."

"예, 그럽시다."

세 사람의 의견을 들은 일정 담당자는 관련 회의를 한 뒤 조정안을 내놓았다.

"세 분께 너무 힘든 생활을 하게 해서 죄송합니다. 앞으로 꼭 치러야 할 공식 행사는 일주일 안에 모두 마치도록 하겠습니다. 그 뒤 일주일 동안은 집으로 돌아가 각자 생활하시면 됩니다. 하지만 그 후 다시 일주일 동안만 더 함께 지내기로 하겠습니다. 이 기간은 남은 행사 몇 가지를 치르기 위해서이기도 하지만, 세 분의 건강을 마지막으로 점검하기 위해서입니다. 그 기간을 마치면 정말로 완전히 자유입니다. 마음에 드셨으면 좋겠는데, 어떻습니까?"

잠시 침묵이 흐른 뒤 선장이 대답했다.

"예, 저는 좋습니다. 수고해 주셔서 감사합니다."

임 박사와 일석이도 간단히 동의와 감사의 뜻을 표시했다.

어느 날, 밤늦은 시간에 일석이는 집으로 향했다. 공식 일정이 모두 끝났는데 굳이 또 하룻밤을 허송할 이유가 없었기에 세 우주 비행사는 작별 인사를 나누고 일주일 뒤에 다시 만나기로 했다. 집으로 돌아온 일석이는 변한 것이 별로 없다는 사실에 일단 편안함을 느꼈다.

"예정된 시간이 넘도록 번개 17호로부터 아무 신호가 오지 않아서 우린 결단을 내렸어. 앞으로도 계속 똑같이 지내기로 말이야. 그래서 항상 네가 꼭 우리 곁에 있는 듯한 느낌을 간직할 수 있었지."

"예……."

시원한 음료수를 들고 소파에 앉은 일석이는 지난 1년의 여행이

하룻밤의 짧은 꿈처럼 느껴졌다. 엄마와 아빠의 얼굴이 조금 변하고, 할아버지의 기력이 떨어져 보이는 것을 제외하고는 집안 분위기는 거의 달라진 게 없었다. 하지만 이 평화로운 구도에 딱 하나 도무지 어울리지 않는 존재가 있었다.

"아, 형은 정말 낯설어 보여. 덩치가 아빠와 비슷하지만 내 눈에는 훨씬 커 보여."

일석이의 말을 들은 가족들이 가벼우면서도 어색한 웃음을 짓는 사이 일혁이가 말을 받았다.

"음…… 그래? 나도 네가 좀 어색해. 물론 내 덩치가 훨씬 더 커졌으니까 6년 전의 모습에 비교하면 네가 더 많이 낯설겠지."

그런데 이런 낯설음은 다음날 집 밖으로 나가자 더욱 커졌다. 6년 사이 동네 모습은 많이 변했다. 집의 구조나 모습을 바꾼다는 게 별로 어려운 일은 아니었으므로 사람들은 취향과 유행에 따라 갖가지 새로운 모습으로 집을 고쳤다. 또한 거리의 구조나 모습도 여러 이유로 조금씩 변했고, 그게 누적되어 일석이의 눈에는 아주 새로운 동네인 것처럼 비쳤다.

"야, 우리 집과 승현이 집만 빼면 변하지 않은 곳이 거의 없네."

승현이네도 언젠가 일석이가 꼭 돌아오리란 믿음을 잃지 않고 싶다는 애지와 승현이의 바람에 따라 예전의 모습을 그대로 유지했다.

하지만 진짜 문제는 이런 변화가 아니었다. 며칠 뒤 설렘과 두려움을 안고 몇몇 대학교에 들러 옛 친구들을 만나 본 일석이는 갈수록 당황스러웠다. 반가움이야 이루 말할 수 없었지만 대화는 단 몇 마디에 그치기 일쑤였다. 나이 차이 때문인지 대화의 공감대를 찾기도 힘들었을 뿐더러 자연스럽지도 않았다. 서로의 상황을 이해한다고 해도 그저 그럴 뿐 어떻게 친해져야 할지도 막막했다.

"그래, 그럼 또 보자."

"그래, 안녕."

일석이는 자기 마음이 친구들의 "또 보자"는 말보다 자신이 던진 "안녕"이란 말에 더 큰 무게가 실리는 것을 느끼고는 속으로 놀라지 않을 수 없었다. 아, 옛날의 친구 사이로 돌아가는 게 영영 불가능한 것은 아닐까?

집으로 돌아온 첫 토요일, 일석이와 애지는 단 둘이 남산스피어에 올랐다. 오는 동안 그동안 겪은 이야기나 서울의 변화에 대해서 일상적인 이야기만 주고받았다. 그러나 사람들은 약간 기이한 커플을 보는 듯했다. 친구 사이는 아닌 듯한데, 누나와 남동생이라고 보기에도 어색했기 때문이었다. 남산스피어에 도착한 일석이와 애지는 6년 전 천둥과 번개를 내다보던 창가로 다가섰다. 잠시 바깥 풍경을 훑어보던 애지가 불쑥 말을 꺼냈다.

"오빠, 나 예뻐?"

"응, 정말 예뻐졌어. 그런데 그 말부터 듣고 싶었어?"

"그럼, 그걸 말이라고? 여자라면 다 그럴 거야. 그리고 사실은 어렸을 때부터 듣고 싶었는데……."

"늦게 이야기해서 미안해. 나도 사실은 예전부터 예쁘다고 생각했어."

"미안하긴……, 막상 듣고 나니까 고맙기만 한걸. 마음도 놓이고……."

일석이는 6년 사이 대화 차원이 달라진 것부터 적잖이 부담스러웠다. 며칠 동안 만난 친구들은 대부분 눈앞의 현실을 인정하고 새로운 관계를 만들기 기다리는 듯한 태도를 보였다. 하지만 애지는 전혀 그런 눈치를 보이지 않았다. 애지도 곧 일석이의 그런 낌새를 알아차렸다. 둘 사이에는 잠시 어색한 침묵이 흘렀다. 이윽고 다시 애지가 입을 열었다.

"6년 전 일 생각나? 그 천둥과 번개 말이야. 그때 오빠는 정말 안 무서웠어?"

"아, 나도 가끔씩 그 광경을 다시 떠올리곤 해. 바로 이 자리지. 아닌 게 아니라, 왜 난 그때 황홀하기만 했을까? 조금도 무섭지 않았고. 사실 지금도 다시 보고 싶어."

"오빠는 천생 우주 비행사인 모양이야. 그렇지 않고야 어디……. 그런데 기회가 있다면 다시 새로운 우주 비행에 나서고 싶어?"

이 말에 일석이는 선뜻 대답이 나오지 않았다. 불과 몇 주 전, 여러 행사에 다닐 때에도 이와 비슷한 질문을 받았다. 그때는, 비록 어렸을 때처럼 거침없지는 않았지만, 그래도 쉽게 "그렇습니다!"라고 대답했다. 하지만 집에 돌아와서 며칠 지내는 동안 많은 혼란을 겪고는 모든 생각이 헝클어졌다.

"글쎄……. 그때 가 봐야 알 것 같아."

"다시는 가지 마. 나는 이번 여행 덕에 오빠와 좀 더 가까워질 걸로 생각하고 좋아했었어. 그런데……, 그런데 이게 뭐야?"

여태껏 애지는 속으로 겨우 참고 있었다. 하지만 결국 더 이상 견디지 못하고 눈물을 흘렸다. 애지의 모습을 본 일석이의 마음도 참기 어려울 정도로 괴로웠다. 그런데, 그 순간 마음속 깊이 묻어 두었던 가장 궁금한 물음이 떠올랐다. 일석이는 애지가 진정되기를 기다려 조심스럽게 물었다.

"혁이는 내 분신과도 같잖아?"

애지는 이것이 단순한 물음이 아니라는 사실을 직감했다. 그래서 더욱 단호히 대답했다.

"오빠, 그렇지 않아! 오빠가 돌아왔든 돌아오지 못했든, 혁이 오빠와는 전혀 아니야."

말을 마친 애지는 속이 후련해지는 느낌을 받았지만 다시 착잡한 감정에 북받쳐 비 오듯 눈물을 흘렸다. 일석이는 눈앞이 아득해졌다. 이제 애지의 마음은 확연히 알았지만, 자신의 처지를 돌아보면 앞으로 어찌해야 좋을지 도무지 알 수 없었다.

뒤엉킨 실타래 같은 일주일이 눈 깜박할 새에 지나 버렸다. 하지만 이 짧은 시간 동안 이리저리 강하게 충격받은 일석이는 잠시나마 다시 집을 떠난다는 사실이 오히려 반가웠다. 지금 이 상황에서는 가족보다 생사의 기로를 함께 넘나든 선장과 임 박사의 동료애를 가장 편한 마음의 휴식처로 여겼기 때문이었다.

"여, 일석 군. 오늘은 그래도 표정이 좀 밝군. 역시 집이 좋은 모양이지?"

"아닙니다, 선장님. 꼭 그렇지만은 않습니다. 선장님과 박사님을 뵙게 되어 마음이 많이 가벼워지네요."

"으음, 그래? 어디 천천히 이야기해 보게."

일석이는 특히 친구들과의 관계를 중심으로 그동안 겪은 어려움에 대해서 이야기했다.

"그래. 앞으로도 계속 좋은 길을 찾아보도록 함께 노력하세. 이번 일정이 끝나면 학교로 돌아가야 할 테니 말이야."

그런데 일석이가 이야기하고 있는 사이 임 박사는 줄곧 침묵을 지키고 있었다. 이를 돌아본 선장은 임 박사의 얼굴에 그늘이 드리워진 것을 발견했다.

"임 박사님, 지난번에는 일석이가 그랬는데, 오늘은 박사님이 더 심란해 보입니다. 혹시 내가 잘못 보았습니까?"

"아닙니다, 선장님. 선장님이 잘 보셨습니다."

기운 없는 소리로 대답을 한 임 박사는 일석이와 선장에게 뜻밖의 이야기를 털어놓았다.

"우리가 귀환했을 때 마중 나와 반겼던 제 약혼녀 보셨지요?"

"예……."

뭔가 심상치 않은 분위기에 선장의 말꼬리는 길게 늘어졌다.

"그녀가 6년 세월을 견디지 못하고 마음이 돌아섰습니다. 이런 것을 바로 변심이라고 하는지 모르겠습니다만, 그녀는 어쩔 수 없었다고 합니다. 돌아오기로 예정됐던 시간이 지나고, 하염없이 또 세월이 갈 때 너무나 견디기 어려웠다고 하더군요. 결국 다시 돌아온다는 소식을 들었을 때는 이미 다른 사람에게 너무 깊이 빠진 상태라…… 제가 돌아왔어도 그녀는 돌아올 수 없다고……."

임 박사는 말을 다 마치지 못하고 깊은 한숨을 쉬었다. 그리고 잠시 마음을 가다듬더니 다시 계속했다.

"그녀가 마중을 나온 것은 자기가 원한 게 아니고 새 약혼자의 배려 때문이라고 말했습니다. 제가 돌아오면서 맨 먼저 그녀를 보고 싶다고 한 바람을 들어주라고 했다는군요. 우리의 건강이 그때 너무 약했던 터라 충격을 주지 말라는 뜻이었겠지요. 이제 저는 그녀도,

새 약혼자도, 아무도 원망하지 않습니다. 다만, 그냥…… 우리 인생이란 게 야속할 따름입니다."

선장과 일석이는 임 박사의 풀 죽은 모습이 믿기지 않았다. 불과 2주 전만 해도 임 박사는, 비록 자신의 5년 전 과거로 돌아간 것은 아니지만, 그리고 사고로 얻은 것이기는 하지만, 어쨌든 남들보다 5년의 세월을 더 벌었으므로 이를 보람차게 활용하겠다는 의욕에 넘쳤기 때문이었다. 더욱이 임 박사는 이번 여행으로 본래 계획보다 훨씬 많은 관측 자료를 확보했기 때문에 오히려 전화위복이라고까지 말했다. 선장은 임 박사의 어깨를 살짝 주무르며 말을 건넸다.

"박사님. 뭐 내가 박사님보다 그리 많이 산 것도 아닙니다만…… 박사님은 할 일도 많고, 앞길도 창창하고……. 조금 참고 지내면 세월이 좋은 약이 될 겁니다."

"예, 그렇겠지요. 그런데 선장님, 세상에는 세월이 약이 될 수 없는 일도 있나 봅니다. 선장님과 일석이를 다시 보자 마자 좋지 않은 일만 이야기하게 되어 죄송합니다만……."

선장과 일석이는 임 박사가 잠시 뜸을 들이자 마치 발밑이 허물어지는 듯했다.

"어차피 다 말씀드려야 하겠기에 이야기하겠습니다. 저는 집안에서 아주 늦둥이였습니다. 그래서 애지중지 많은 사랑을 받고 컸지만, 제가 다 크고 나니 부모님은 이미 꽤 연로한 나이가 되셨습니다. 게

다가 아버지는 선천적으로 몸이 약하셨는데……. 이번 여행에서 제 소식이 끊긴 뒤로 너무 많은 걱정을 하시다가…… 결국 반년 전에 심장마비로 돌아가셨답니다. 저는 아버지의 마지막 떠나는 길도 지켜보지 못한 불효자가 되었습니다."

세 사람 사이에는 무거운 침묵이 흘렀다.

"돌아온 뒤 어머니와 화상 통화할 때 어머니는 아버지가 돌아가신 사실을 숨겼습니다. 제 건강은 물론 여러 공식 행사도 고려해야 했으니까요. 어머니의 모습 뒤로 침대에서 손을 흔들던 아버지의 영상은 생전에 찍어 두었던 것이었습니다. 결국 지난 몇 주 동안 저는 가상 현실에서 산 셈입니다."

세 사람은 이후 일주일 간 다시 바쁜 일정을 보내느라 더 이상 깊은 이야기를 나누지 못했다. 행사 그 자체로 그럭저럭 즐거웠을 뿐 아니라 이 기간 동안이나마 시름을 잊고 싶었기 때문이기도 했다. 마침내 이별의 시간이 되자 선장이 말했다.

"자, 이제부터는 진짜 현실입니다. 우리 힘을 합쳐 반드시 잘 이겨 내도록 합시다."

석 달 뒤, 일석이는 할아버지가 보고 싶어 한다는 말을 듣고 고흥으로 내려갔다. 연구실에 들어서자 할아버지가 일석이의 손을 다정스레 잡고 말을 건넸다.

"석아, 그동안 어떻게 지냈냐? 지금도 고생이 많지?"

"예…… 아니요. 괜찮아요. 그럭저럭 적응도 되어 가고요."

"괜히 이 할애비가 고집을 부려서……."

"할아버지, 또 그러시네. 그럼 저 그냥 올라갑니다."

"아니다, 아니야. 오늘은 좀 할 이야기가 있다."

할아버지는 잠시 숨을 고르려는 듯 커피를 한 모금 마신 후 말을 이었다.

"너 혹시 예전에 아빠가 시공간에 터널을 뚫는다는 둥, 타임머신을 만든다는 둥 했던 이야기 기억나니?"

"네."

"그 프로젝트가 순조롭게 잘 진척되어 거의 완성 단계에 들어갔단다. 몇 차례에 걸친 동물 실험을 통해 안전성도 입증되었지."

할아버지의 말에 일석이는 깜짝 놀라서 외치다시피 말했다.

"아니, 그렇다면, 제가 다시 몇 년 전으로 돌아갈 수도 있다는 뜻이에요?"

예상한 대로 일석이가 좀 과민한 반응을 보이자 할아버지는 두 손바닥을 아래로 저으면서 진정하라는 몸짓을 했다.

"그래, 말하자면 그렇지. 다만 아직까지는 철저히 비밀에 붙였단다. 지난번 시간 여행도 모든 면에서 완벽히 준비했지만, 누구도 예상하지 못하고 누구도 탓할 수 없는 사고가 일어났기 때문이지."

흥분을 가라앉힌 일석이가 차분한 목소리로 물었다.

"예, 알겠어요. 그런데, 이름을 '타임머신'이라고 부르니까 묻는 건데요, 이 타임머신으로 하는 시간 여행은 지난번 시간 여행과 달라요? 다르다면 어떻게 다른 거예요?"

두 질문을 연속으로 내놓는 것을 보고 할아버지는 일석이의 흥분이 아직 완전히 가라앉지 않았음을 깨달았다. 그래서 일부러 느릿느릿 설명했다.

"음…… 그래. 타임머신을 이용한 이번 시간 여행은…… 지난번 시간 여행과 전혀 다르다. 간단히 말하자면…… 지난번 시간 여행은 아인슈타인의 특수상대성이론을 이용한 것이고,…… 이번 시간 여행은 아인슈타인의 일반상대성이론을 이용한 것이란다."

"예, 저도 상대성이론에 그 두 가지가 있다는 사실은 잘 알고 있어요."

"아인슈타인은 열여섯 살 때 '빛과 나란히 달리면서 빛을 쳐다보면 어떻게 보일까?'라는 문제를 스스로에게 던지고 이로부터 10년 뒤인 1905년에 특수상대성이론을 완성하여 해결했다고 했지? 물론 특수상대성이론만 해도 위대한 이론이지만 여기에는 상당한 문제점이 있단다."

평소의 냉정함을 되찾은 일석이는 할아버지의 다음 말을 조용히 기다렸다.

"특수상대성이론은 말이다, 일정한 속도로 움직이는 '관성계(慣性系, inertial system)'에서만 적용된다. 여기서 관성계란 등속운동을 하는 물체를 말하지. 그런데 우리 우주에서 완전히 등속운동만 하는 물체는 실제로 전혀 없단다. 다시 말해서 특수상대성이론은 이상적으로 또는 근사적으로는 좋은 이론이지만 현실적으로는 그렇지 않지."

"좀 더 쉽게 자세히 설명해 주세요."

"그러자. 등속운동과 반대되는 말은 무엇이지?"

"그야, 가속운동이지요."

"그래. 그러면 가속은 왜 일어나지?"

"가속이란 속도가 변하는 것을 말하는데, 속도가 변하려면 힘이 필요해요. 뉴턴은 '운동 제2법칙'을 통해 '물체는 힘을 받으면 가속이 일어나며, 그 크기는 힘에 비례하고 질량에 반비례한다.'라고 이를 밝혔죠."

"그래, 그래. 정확하게 대답했다. 아주 마음에 든다. 그런데 말이야, 우리 우주에는 수천억의 수천억 배에 이르는 별이 있지 않니? 그리고 뉴턴이 말했듯, 질량이 있는 모든 물체는 '중력(重力, gravity)'이란 힘을 발휘하고, 그래서 이것을 '만유인력(萬有引力, universal gravitation)'이라고도 부르지 않니?"

"아, 알겠습니다. 그러니까, 별 부근이야 말할 것도 없지만, 가까운 곳에 별이 없어서 아무리 텅텅 비어 보이는 우주 공간이라 해도 우주 전체에는 엄청나게 많은 별이 있으므로 실제로는 모든 곳에 중력이 작용하고, 따라서 모든 물체는 중력이라는 힘에 의해 어디론가 가속을 받는다는 말이지요?"

"그렇지, 그렇지. 대답이 갈수록 마음에 드는구나. 이처럼 현실적으로 우주 공간의 모든 곳이 관성계가 아니라 '가속계(加速系, accelerating system)'인 이상 여기에 맞는 새로운 이론이 필요하게 되었지. 아인슈타인은 특수상대성이론을 발표한 뒤 10년 만인 1915년에 일반상대성이론을 완성하여 이 문제를 해결했단다."

"하하하. 말하자면 아인슈타인은 10년 간격으로 두 번의 큰 사고를 쳤군요. 그런데 그렇게 만든 일반상대성이론이 타임머신과 어떻게 연결된다는 거예요?"

"그래, 거기에 대해서 이제 이야기할 테니까 잘 들어 보렴. 내가 예전에 '특수상대성이론은 갈릴레이가 제창한 상대성원리와 아인슈타인이 제창한 광속일정원리, 두 원리를 기초로 만들었다'고 말한 것 기억나니?"

"예, 그럼요."

"이와 비슷하게 일반상대성이론은 '일반공변원리(一般共變原理, general covariance principle)'와 '등가원리(等價原理, equivalence principle)' 둘을 기초로 만들었다고 할 수 있어."

"야! 두 가지의 상대성이론이 각각 두 가지 원리를 토대로 만들어졌다니…… 거참 신기하네요."

"정말 그렇지? 여기서 먼저 일반공변원리는 상대성원리와 비슷한 것으로, '물리법칙은 좌표계를 어떻게 바꾸든 같은 형태를 유지해야 한다' 또는 '물리법칙은 좌표계의 변환을 똑같이 따라야 한다'는 원리를 말한다. 다시 말하면 갈릴레이가 제창한 상대성원리가 관성계뿐 아니라 가속계에서도 적용될 수 있도록 확장한 것이지."

"햐! 조마조마했는데 내용 자체는 아주 쉽네요."

"흠, 그래서 정말 다행이지? 다음으로 등가원리는 '가속계는 중력계(重力系, gravitational system)와 같다'는 것으로 이 또한 내용 자체는 아주 쉽다. 하지만 약간의 설명이 필요해."

할아버지는 말을 멈추더니 식은 커피를 바라보았다. 일석이는 자리에서 얼른 일어나 새로 한 잔을 끓여 드렸다.

"하하하. 우리 똥강아지가 끓여 준 커피라 더욱 맛있구나."

뜨거운 커피 맛을 본 할아버지가 크게 웃으며 말했다. 그러고는 다시 이야기를 이어 갔다.

"아인슈타인은 특수상대성이론을 내놓은 다음, 이것을 실제적인 상황, 곧 관성계가 아니라 가속계에도 적용해 보려고 했지. 하지만 한동안 별다른 소득이 없었다. 그런데 1년 정도 지난 어느 날, 사무실 의자에 앉아 있던 아인슈타인의 머리에 극히 단순하면서도 획기적인 생각이 떠올랐단다. 만일 엘리베이터의 끈이 끊어진다면 그 안에 있는 사람은 자유낙하하고 중력을 느끼지 못할 것이고, 반대로 엘리베이터가 가속운동을 하면서 올라간다면 그 안에 있는 사람은 땅에 서 있는 사람보다 더 큰 중력을 느낄 것이라는 생각이지. 아인슈타인은 이 생각을 바탕으로 '가속계는 중력계와 같다'는 결론을 내렸고, 나중에 이 생각을 '내 생애 가장 행복한 생각'이라고 불렀단다."

"아, 이제 생각이 나요. 저도 이 이야기를 어디선가에서 들어 봤지만 깊이 생각해 보지는 못했거든요. 그런데, 이 간단한 생각이…… 그 위대한 아인슈타인이 정말 그렇게까지 부를 정도로 대단해요?"

"아무렴, 그렇고말고. 이 생각의 귀결을 하나씩 살펴보면 누구나 수긍하지 않을 수 없지. 자, 한번 시작해 볼까?"

"예, 그래요."

"예를 들어, 어떤 사람이 밀폐된 엘리베이터 모양의 상자에 갇혀 우주 공간에 덩그라니 떠 있는데, 이 상자는 밑에 부착된 로켓 때문에 지구 위에서의 중력과 똑같은 크기의 힘이 바닥에 가해지도록 가속운동을 한다고 가정하자. 그렇다면 이 상자 안의 사람은 밖을 내다보지 않는 한, 자기가 엘리베이터에 탄 채 우주 공간에서 이와 같은 가속운동을 하는지 아니면 그냥 지구 표면 위에 정지해 있는지를 전혀 구별할 수 없을 거야."

"아, 그래서 '가속계는 중력계와 같다'고 하고, 이것을 등가원리라고 부르는군요."

"바로 그렇다. 그럼 다음으로, 이 엘리베이터의 왼쪽 벽에 레이저가 부착되어 오른쪽 벽으로 정확히 수평 방향의 빛을 비추고 있다고 가정하자. 만일 엘리베이터가 위쪽으로 등속운동을 하고 있다면 레이저에서 나오는 빛도 엘리베이터와 함께 위로 똑같이 등속운동을 할 것이므로 여전히 정확히 수평 방향의 빛을 오른쪽 벽에 비출 것이다. 그렇지?"

"예."

"그런데 엘리베이터가 위쪽으로 가속운동을 한다면 어떻겠니?"

"엘리베이터가 위로 가속된다면…… 왼쪽에서 수평으로 나오는 빛이 오른쪽으로 조금 진행하는 도중에 엘리베이터는 위로 조금 가속되어 올라갔겠지요. 다시 말해서 엘리베이터 안에 있는 사람의 입장에서 보자면 빛이 오른쪽으로 가는 도중에 밑으로 조금 떨어지는 것처럼 보이겠지요. 그렇다면, 결과적으로 가속운동을 하는 엘리베이터 안에서 수평으로 발사된 빛은 진행하면서 아래로…… 아래로 휘어진단 말이에요?"

"그렇지. 정말 대답 잘했다. 네가 말한 게 바로 아인슈타인이 이 생각으로부터 이끌어 낸 맨 첫 번째 귀결이다. 이 분석과 등가원리를 토대로 아인슈타인은 '빛이 가속계에서 휘어지므로 중력계에서도 휘어질 것이다.'라는 대담한 예측을 내놓았지. 이것은 그때까지 누구도 의심해 본 적이 없는 '빛은 직진한다'는 법칙을 뒤엎는, 참으로 경이로운 예측이었단다."

"야, 아닌 게 아니라 정말 대단하네요."

"이 예측은 발표된 이래 과학계의 엄청난 주목을 받았단다. 그런데 모든 과학 이론이 그렇듯 이 예측도 이론적으로 아주 쉽게 이해된다고 해서 그대로 받아들일 수는 없고, 현실적으로 입증해야 할 것 아니냐?"

"당연히 그래야겠지요."

"빛의 경로가 중력에 의해 휘어진다고는 하지만 빛을 당시의 과학으로 확인할 수 있을 정도로 휘게 하려면 엄청난 중력이 필요했단다. 그리고 그런 정도의 중력을 발휘할 물체는 태양밖에 없었지. 다시 말해서 태양이 아슬아슬하게 가릴 정도의 위치에 있는 별에서 오는 빛이 태양이 있을 때와 없을 때 얼마나 휘는지를 정밀하게 측정한다면 이 예측이 확인된다는 뜻이지."

"그렇지만 태양이 없을 때, 곧 밤에는 그렇다 치고, 태양이 있을 때, 곧 낮에는 햇빛이 너무 밝아 별을 전혀 볼 수 없잖아요?"

"빙고! 바로 그게 문제였다. 그래서 태양이 있기는 하지만 태양이 가려지는 때, 곧 일식이 일어나는 때를 기다려 이 예측에 대한 실험을 했지. 이 실험은 3·1운동이 일어난 해인 1919년에 실시되었고, 결과는 아인슈타인의 계산에 따른 예측을 실험 오차 범위 안에서 분명히 확인해 주었단다."

여기까지 이야기를 마친 할아버지는 마치 자신도 아인슈타인처럼 한 단계를 마무리했다는 듯한 만족스러운 표정을 지으면서 남은 커피를 모두 마셨다. 그러자 일석이도 한 편의 재미있는 영화를 보고 난 듯한 기분을 느끼면서 크게 기지개를 켰다.

"역시 아인슈타인은 참으로 명불허전이군요. 저도 나름대로 막연하나마 위대하다는 점을 알고는 있었지만 배울수록 더욱 생생히 실감하게 돼요."

그러더니 불현듯 생각났다는 듯이 말했다.

"그런데 할아버지, 이게 다는 아니지요? 타임머신까지는 아직 갈 길이 먼 것 같은데요!"

"그렇다, 그래. 하지만 한꺼번에 급히 먹으면 체하니까 오늘은 이 정도로 할까? 너도 오랜 만에 이곳 친구들도 만나보고, 여기 우주 센터의 새로운 것도 좀 구경해야 할 것 아니니? 할애비가 며칠 뒤에 서울에서 만날 사람이 있으니 남은 이야기는 그때 올라가서 하자."

일석이는 아직 확실히 파악한 것은 아니지만 뭔가 희망의 빛을 보았기에 장난스럽게 경례를 붙이며 기운차게 대답했다.

"예! 알겠습니다."

서울로 돌아온 며칠 뒤, 학교에서 돌아온 일석이를 할아버지가 반갑게 맞이했다.

"여, 우리 똥강아지. 오늘은 일찍 끝난 모양이네?"

"예. 할아버지도 오신다고 해서 바로 왔어요."

"하하하. 아직도 내 인기가 많이 식지는 않았구나."

"그럼요. 그리고 지난번 이야기도 계속해야지요."

"그래, 그래. 좀 쉬었다 저녁 때 보자꾸나."

저녁 식사가 끝나자 엄마는 집안일을 하고 일혁이는 볼일이 있다며 외출했다. 거실에는 할아버지, 아빠, 일석이 세 사람이 자리 잡고 앉았다.

"석아, 지난번 우리 이야기 진도가 어디까지 나갔지?"

"예, 그러니까 일반상대성이론은 일반공변원리와 등가원리의 두 가정을 토대로 전개되는데, 등가원리에 따르면 태양 주위를 지나는 빛이 태양 중력의 영향을 받아 휘어진다는 데까지 이야기했어요."

아빠는 이 말을 듣더니 이야기가 어디까지 진행됐는지 다 알겠다는 듯 조용히 입체 영상 텔레비전을 켠 뒤 번갈아 가며 양쪽의 이야기에 귀를 기울였다. 일석이의 대답을 들은 할아버지가 말을 이었다.

"그래, 잘 기억하고 있구나. 그런데 빛이 중력계에서 밑으로 휘어진다는 것은, 돌이나 공 등의 모든 물체가 중력에 끌려 떨어지듯, 빛도 중력을 받으면 밑으로 조금이나마 떨어진다는 뜻이다."

"아…… 빛이 중력 때문에 '휘어진다'는 것도 기가 막힌 결과지만, 빛이 중력에 끌려 '떨어진다'고 표현하니까 훨씬 실감 나네요!"

"정말 그렇지? 그런데 말이다, 우리는 여기에서 한 단계 더…… 정말로 아주 중요한 한 단계의 도약을 할 수 있단다."

"그래요? 그건 또 뭔가요?"

"우리가 지구 표면에서 야구공을 머리 위로 힘껏 던지면 어떻게 될까?"

"아무리 힘껏 던져도, 사람의 힘으로는 지구의 중력을 뿌리칠 정도로 던질 수는 없으니까, 결국 다시 땅으로 떨어지고 말지요."

"좋다. 그렇다면 이번에는 지구 표면에서 빛을 머리 위로 비추면 어떻겠니?"

"빛이야…… 아무래도 지구의 중력으로 빛을 붙들 수는 없을 테니까…… 지구를 벗어나 우주 공간으로 계속 뻗어 가겠지요."

"좋다, 좋아. 물론 쉬운 질문이기도 했지만 어쨌든 대답을 잘했다. 그런데 놀랍게도 이 우주에는 질량도 어마어마하게 크지만 밀도가 참으로 커서…… 정말로 상상을 초월하지. 그에 따라 중력도 어마어마하게 큰 존재가 있단다. 거기서는 심지어 우주에서 가장 빠르다는 빛마저도 그 중력을 뿌리치지 못해 다시 떨어지고 말지."

"예, 할아버지. 그게 바로 블랙홀(black hole)이죠?"

"그래. 이처럼 블랙홀에서는 빛도 빠져나오지 못하고, 빛이 빠져나오지 못하는 이상 거기서는 아무것도 빠져나오지 못한단다. 그래서 밖에서는 말 그대로 오직 '검은 구멍'으로 보일 뿐이며, 그 안의 세계는 밖의 세계와 영원히 단절되어 있지."

일석이는 블랙홀의 의미를 되새기며 잠시 침묵에 빠졌다. 할아버지는 일석이의 생각을 방해하지 않기 위하여 조금 기다린 다음 말을 이어갔다.

"아인슈타인은 일반상대성이론으로부터 또 다른 신비로운 결론을 이끌어 냈다. 예를 들어 우리가 비행기를 타고 서울에서 부산까지 반듯하게 날아갔다고 생각해 보자. 이때 비행기가 가는 길이 과연 정말로 정확히 반듯한 직선일까?"

블랙홀에 대한 상상에 잠겨 있던 일석이는 얼른 정신을 차리고 생각해 보았다.

"음…… 정확히 반듯한 직선은 아니겠지요. 방향이야 서울에서 부산을 잇는 직선을 따라 날아간다고 하더라도 비행기의 고도, 곧 '지표면으로부터의 높이'를 일정하게 유지하려면 비행기의 경로는 지표면을 따라 원을 그리며 휘어질 테니까요."

"그래. 여기서 주목할 것은, 서울에서 부산까지 갈 때, 비행기는 어떻게든 가장 짧은 길을 따라가려고 한다는 점이야. 그런데, 그렇게 하는데도 불구하고 비행기의 경로가 휜다는 것은, 우리가 살고 있는 지표면이라는 세상이 공처럼 휘어진 공간이기 때문 아니겠니?"

"아, 그렇다면, 다시 말해서 빛을 비행기로 생각한다면…… 빛은 한사코 가장 짧은 길을 따라가려고 하는데도 불구하고 중력 때문에 빛이 휜다는 것은…… 우리가 살고 있는 이 우주 공간 자체가 휘어진 공간이기 때문이라 이거죠?"

"그래, 그래. 우리 석이가 갈수록 원조 '아인' '슈타인'에 가까워지는구나."

할아버지의 이 말에 모두 함께 웃음을 터뜨렸고, 아빠도 슬쩍 거들었다.

"하하하, 아버지도. 머리야 어떨지 모르지만 인물은 석이가 훨씬 낫지요."

"알았다, 알았어. 누가 내리 사랑 아니랄까 봐."

할아버지는 아빠의 말에 간단히 대꾸한 다음 말을 계속했다.

"아까 석이가 대답한 것처럼 우주 공간은 중력 때문에 휘어져 있다고 봐야 하는데, 중력은 '만유인력'이란 별명에서 보듯 물체가 존재하면 필연적으로 따라 나온다. 그리고 물체가 무거울수록 중력도 커지므로 무거운 별 주위의 공간은 더 많이 휘어지지."

"그러니까 지구든 태양이든 그 주위의 공간이 휘어져 있는데, 태양이 훨씬 더 무거우니까 태양 주위의 공간은 지구 주위의 공간보다 훨씬 더 많이 휘어져 있다…… 이런 뜻이네요?"

"그렇지. 이에 대해서는 아주 좋은 비유가 있는데, 예를 들어 태양을 아주 큰 볼링공이라 생각하고 이것을 트램펄린에 올려놓았다고 보는 게 그것이다. 그러면 볼링공 주위의 면은 움푹 꺼질 것이고, 이것이 바로 공간의 휘어짐에 해당하지."

"예, 그렇겠군요."

할아버지는 다시 일석이가 잠시 상상할 수 있는 시간을 준 뒤 다음 이야기로 넘어갔다.

"아까 비행기나 빛이 될 수 있는 한 가장 짧은 길을 찾아간다고 말했지?"

"예."

"그런데 꼭 비행기나 빛만 그런 게 아니고, 실제로는 우주 만물이 다 그렇단다. 생각해 봐라. 물은 높은 곳에서 낮은 데로 흐르고, 사람은 서 있으면 앉고 싶고, 앉아 있으면 눕고 싶어 해. 따라서 앞서 말한 것처럼 움푹 꺼진 볼링공 주위의 면 위로 지구에 해당하는 작은 구슬을 굴리면, 구슬은 그 휘어진 표면에서 가장 짧게 지나갈 수 있는 길을 따라 빙 돌아간다. 다시 말해서 일반상대성이론에 따르면 태양 주위를 공전하는 행성들의 운동은 모두 태양 주위의 휘어진 공간에서 가장 짧은 길을 따라 지나가려는, 지극히 자연스런 움직임으로 이해할 수 있단다."

할아버지의 말을 들은 일석이는 하염없이 쏟아져 나오는 아인슈타인 이론의 놀라운 귀결에 압도되어 정신을 차릴 수 없을 지경이 되었다. 이런 낌새를 알아차린 아빠가 슬며시 작은 기침을 하며 끼어들었다.

“아버지, 일석이가 오늘 좀 무리한 것 같은데요. 아무리 간추렸다고는 해도, 남들 같으면 몇 달, 심지어 몇 년에 걸쳐서 차분히 배울 것을 단 며칠 사이에 배우려니까 너무 힘든 것 같습니다. 아버지도 슬슬 피곤해지시는 듯하니, 오늘은 이 정도로 마치는 게 어떨까요?”

그러자 할아버지도 선뜻 동의했다.

“아, 그래. 그러자꾸나. 어차피 내일 또 이야기할 기회가 있으니까 서두를 필요는 없지.”

일석이는 기분이 한결 가벼워지는 것을 느끼며 마무리 비슷한 소감을 말했다.

“아인슈타인이 ‘내 생애 가장 행복한 생각’이라고 했던 말이 조금도 과장이 아니네요. 그 단순한 등가원리로부터, 빛줄기가 휘어지고, 공간도 휘어지고, 영원한 암흑이라고 할 블랙홀이 나오고……. 그런데도 아직도 타임머신에 대한 이야기는 나오지 않다니…… 기대되기는 하지만, 머리가 핑핑 돌아 오늘밤에는 꿈속에서나 더 깊이 생각해 봐야겠어요. 할아버지, 아빠 아무튼 정말 감사합니다. 그럼 안녕히 주무세요.”

“하하하. 석이가 잔뜩 혼이 난 모양이구나. 하지만 좋은 뜻으로 혼난 것이니까. 그럼 신 나는 꿈꾸고 잘 자거라.”

다음날도 일석이는 학교 수업을 마치자마자 집으로 곧장 돌아왔다. 어젯밤에는 꿈속에서도 기이한 장면과 내용이 이어져 머리가 계속 혼란스러웠다. 하지만 하루 일과를 순조롭게 지내다 보니 머리도 상쾌해지고 생각도 많이 정리되는 것 같았다. 그런데 집으로 돌아온 일석이는 뜻밖의 손님을 보고 깜짝 놀랐다.

"아니, 선장님, 박사님. 안녕하세요. 우리 집에 웬일이십니까?"

거실에서 할아버지와 커피를 마시고 있던 두 사람은 자리에서 일어나 일석이를 맞았다.

"여, 우리 삼총사가 또 모였군."

선장이 먼저 호탕하게 웃으며 운을 뗐고, 임 박사가 말을 이었다.

"어서 와. 내가 일석이 놀래 주려고 할아버지께 일부러 이야기하지 마시라고 했지."

할아버지가 이야기를 꺼냈다.

"석아, 오늘 이렇게 선장님과 박사님을 모신 이유는 새로운 우주 비행에 대한 의견을 듣기 위해서란다."

"아…… 예, 알겠어요. 저는 할아버지가 서울에서 만나 볼 분들이 있다기에 그저 가볍게 생각했는데, 설마 두 분일 줄은 정말 몰랐어요."

"으흠…… 이렇게 갑자기 만나니 더욱 반갑지?"

할아버지가 놀리듯 눈웃음을 치면서 말하자 모두 기분 좋은 웃음을 터뜨렸다. 그런 다음 서로 어찌 지냈는지 등의 이야기가 한동안

오간 뒤 할아버지가 다시 말했다.

"자, 그러면 여기서는 박사님과 석이가 이야기를 나누고, 선장님은 저와 함께 서재로 가서 이번 여행 계획을 더 살펴볼까요?"

"예, 그렇게 하시죠."

할아버지와 선장이 서재로 들어가자 임 박사가 일석이에게 말을 건넸다.

"일석이, 듣자 하니 요즈음 아인슈타인의 일반상대성이론에 대해서 꽤 열심히 공부하고 있다면서?"

"아이고, 뭘요. 재미있기는 한데 제가 제대로 알고 있는지는 모르겠어요."

"대략 어느 정도까지 생각해 보았니?"

일석이는 그동안 할아버지한테 배운 내용을 이야기했다.

"야, 역시 우리 송 박사님도 대단하고, 그 손자도 대단해. 세밀하지는 않지만 기본적인 이해는 정확하고도 충실해."

"아, 그래요. 감사합니다."

"그런데 한 가지 보충해 주고 싶은 것은, 우리가 사는 우주 공간은 단순한 공간이라기보다는 '시공간'이라고 불러야 정확하다는 점이야."

"예……. 그러고 보니 예전에 아빠가 서울로 오게 된 이유가 '시공간의 터널'을 넓히기 위해서라고 말한 기억이 나요. 그런데 왜 그냥 공간이 아니고 시공간이죠?"

"예전에는 공간과 시간을 서로 별개라고 여겼지. 그래서 우주의 모든 곳에서 시간은 똑같이 흐른다고 보았어. 하지만 우리의 첫 시간 여행에서 보았듯, 물체가 어떤 운동 상태에 있는지에 따라 시간이 서로 다르게 흐르잖아? 이처럼 특수상대성이론이 나온 뒤 공간과 시간은 서로 분리할 수 없는 일체로 봐야 한다는 사실을 알게 되었고, 이런 뜻에서 그 후로 우리의 우주 공간을 '시공간'이라고 부르게 되었지."

"예, 알겠어요."

"그러니까 지금까지 배운 내용에 따르면, 물체가 존재하면 시공간이 휘어지고, 시공간의 휨에 의하여 중력이 생기며, 이 중력에 의하여 주변의 물체가 움직인다고 말할 수 있겠지?"

"그렇군요."

"어떤 과학자는 이 상황을 아주 명쾌하게 '물질은 시공간이 어떻게 휠지 말해 주며, 시공간은 물질이 어떻게 움직일지 말해 준다.'라고 요약했지.[6] 그리고 '물질은 시공간의 형상을 결정하고, 시공간의 형상은 물질의 운동을 결정한다.'라고 말할 수도 있어."

"그것 참 명쾌한 요약이네요. 트램펄린의 비유와 이 요약을 함께 묶어서 생각하면 정말 깨끗하게 이해되네요."

"그럼 다음으로 한 단계 더 나아가 볼까? 태양처럼 중력이 큰 별 주위의 시공간은 아주 움푹하게 패어 있겠지? 그렇다면 중력이 이보다 훨씬 더 강한 블랙홀 주위의 시공간은 어떨까?"

"거기에 대한 그림을 여기저기서 많이 봤어요. 블랙홀 주위의 시공간은 깊은 바다 속에 더욱 깊이 패어 있는 심연의 계곡처럼 아주 길게 늘여져 있었어요."

"그것을 이렇게 상상해 보자. 지구의 표면이 둥글게 휘어져 있는데, 태평양의 어떤 깊은 해구가 엄청나게 깊고, 마침 그 맞은편의 대서양에 또 비슷하게 깊은 해구가 있다고 말이야. 좀 터무니없기는 하지만, 만일 이 두 해구가 지구 중심 부분에서 거의 맞닿을 정도로 깊다면 말이야, 조금 노력을 해서 두 해구를 연결하면 어떨까?"

"그렇다면 지표면을 빙 둘러서 갈 필요 없이 지구 반대편으로 바로 질러가는 '지름길'이 만들어지겠죠."

"자, 그러면 이 지름길을 우주의 시공간에 적용해서 한번 이야기해 봐."

"예. 이제 무슨 말씀인지 알겠습니다. 그러니까, 우리 우주의 시공간도 커다랗게 휘어져 있을 수 있는데, 우연히 어느 곳에 있는 블랙홀이 만든 심연과, 또 다른 어느 곳에 있는 블랙홀이 만든 심연이 맞닿을 경우, 이 두 곳을 잇는 지름길을 만들 수 있다는 뜻이지요?"

"그렇지, 바로 그거야. 하지만 여기에 좀 보충할 것이 있어. 그건 내가 이야기해 줄게. 음…… 먼저 말이야, 이 지름길의 양쪽 구멍이 모두 블랙홀이라고 가정한다면 정말 지름길이라고 하기는 곤란해. 왜냐하면 양쪽에서 모두 들어가기만 할 뿐 빠져나갈 수가 없잖아?"

"예, 그러네요."

"복잡해서 자세한 설명은 생략하지만, 잘 분석해 보면 두 구멍 가운데 하나는, 블랙홀과 정반대의 역할을 하는 구멍, 곧 모든 것을 방출해 내고 토해 내는 구멍으로 만들 수 있고, 이런 구멍을 '화이트홀(white hole)'이라고 불러. 그러니까 말하자면 블랙홀로 들어가서 화이트홀로 나오는 거지. 그리고 이렇게 화이트홀과 블랙홀을 연결하는 중간 부분을 또 '웜홀(worm hole)'이라고 불러. 벌레가 다니는 구멍이란 뜻이지. 저기 말이야, 개미들이 땅속에 이리저리 복잡하게 구멍을 뚫어 집을 짓고 그 구멍으로 왔다 갔다 하는 것 봤지? 그림책에도 많이 나와 있고……"

"그림으로도 보았고, 실제로도…… 물론 땅 속 깊이는 못 봤지만, 밖에서 볼 수 있는 정도는 보았어요."

"만일 그렇게 안과 밖 양쪽이 통해 있다면 그 입구와 출구와 통로가 바로 블랙홀과 화이트홀과 웜홀이지."

"예, 비유해서 이해하니 아주 단순해서 좋네요."

"그래, 그래. 정말 그 말이 딱 맞는데, 개념으로나 비유로나 내용은 아주 단순해서 좋아. 하지만, 이미 충분히 예상하고 있겠지만 말이야, 실제로 이런 통로를 찾거나 만드는 일은 엄청나게 어려워. 그리고 사실은 말이야, 이것이 바로 앞으로 우리가 함께 떠날지 말지 결정해야 할 두 번째 시간 여행이야."

임 박사의 이 말을 들은 일석이는 순간 깜짝 놀랐다.

"아니, 박사님! 이 몇 가지 구멍을 지나는 게 바로 또 다른 종류의 시간 여행, 그러니까 타임머신의 원리라는 거예요?"

"맞아, 바로 그래. 아까 내가 우리의 우주 공간을 시공간이라고 불러야 정확하다고 했지? 그리고 웜홀이라는 통로는 서로 다른 시공간에 있는 블랙홀과 화이트홀을 연결한다고 했지? 그러니까 '지금 이곳'이라는 시공간에서 어떤 블랙홀을 찾거나 만들고 들어가서 '그때 그곳'이라는 시공간에 있는 화이트홀로 빠져나오는 거야. 이것이 바로 타임머신의 원리이며, 우리가 했던 첫 번째 시간 여행과는 다른 종류의 시간 여행이야. 사실 이 두 번째 시간 여행이야말로 진정한 시간 여행이라고 할 수 있지."

"예……. 생각해 보니 정말로 그렇네요. 첫 번째 시간 여행은 단순히 시간지연 현상을 이용한 것이어서 여행자 자신의 과거나 미래로는 갈 수 없지만, 이 타임머신에 의한 시간 여행은 여행자 자신의 과거나 미래로 갈 수 있다는 점에서…… 이것이야말로 진정한 시간 여행이군요."

"그렇지, 아주 정확하게 잘 말했어."

두 사람 사이에는 잠시 침묵이 흘렀다. 일석이는 마음속 깊은 곳에서 뭔가 새로운 기운이 꿈틀거리는 것을 느꼈다. 그리고 서서히 이 두 번째 시간 여행도 운명처럼 거쳐야 할 과정으로 여겨졌다. 일석이는 속으로 되뇌었다.

'그래, 가자. 이 운명의 웜홀을 지나 잃어버린 나를 찾자.'

하지만 이런 생각도 잠시, 그동안 꾸준히 무의식 속에 감돌던 불안감이 급격히 엄습해왔다. 이미 어느 정도 준비는 해 온 셈이지만 결국 피할 수 없이 직접 대면할 순간이 되었기 때문이었다. 일석이는 천천히, 그러나 자신과 임 박사 모두에게 다짐하듯 말을 꺼냈다.

"박사님……, 지난 몇 달 동안 할아버지를 비롯한 어르신들의 이야기를 들으면서…… 속으로는 이미 각오했습니다. 오늘 박사님의 말씀을 들으니 더 믿음이 가기도 하고요. 그런데요……, 이상하게도 너무 가까운 사이라서 오히려 그런지, 할아버지께 직접 확인하지는 못하겠더라고요."

임 박사는 말없이 차분히 일석이의 뒷말을 기다렸다.

"할아버지도 분명 저를 위해 찬성하시던가요?"

임 박사는 이때도 말없이 고개만 끄덕였다. 그리고 서로 한참 쳐다본 뒤 일석이가 마침내 마무리했다.

"그럼 알겠어요. 저도 가고 싶고, 후회가 없기를 바랄 뿐이에요."

조금 있으니 서재로 들어갔던 할아버지와 선장이 다시 거실로 나왔고, 할아버지가 입을 열었다.

"박사님, 석이와 회포를 좀 나누셨습니까?"

"예, 아주 재미있었습니다. 사실 이번 타임머신 여행에 대한 이야기를 다 한 셈입니다."

"아, 그렇게 빨리 마무리 지으셨습니까? 흠…… 그러면 이제 결정을 해도 좋을 시점에 왔군요. 저와 선장님도 이야기를 다 끝냈으니까요."

선장이 말을 이었다.

"먼저 제가 말하겠습니다. 저도 이번 새 시간 여행이 아주 흥미롭다는 점은 인정합니다. 하지만 저는 지난번 시간 여행으로 남들보다 5년 젊어진 사실에 아무런 불만이 없습니다. 그리고 이번 새 여행은 새로운 기술로 개발된 것이므로 제가 기여할 부분도 거의 없습니다. 그래서 특별한 문제점만 없다면 저는 이번 여행에 나서지 않도록 하겠습니다."

선장의 생각을 이미 모두 예상하고 있던 터라 그의 말은 최종 확인으로 받아들여졌다. 선장의 결정을 들은 임 박사가 말했다.

"이제 제가 말할 차례인 것 같습니다. 저도 남보다 5년 젊어진 것, 그리고 이 시간을 좀 더 유용하게 쓸 수 있다는 데 대해서는 불만이 없습니다. 그러나 이미 털어놓았듯, 저는 잃어버린 과거가 더 소중하게 여겨집니다. 무엇보다도, 지금은 아니지만…… 제 약혼녀도 서로 상처를 주거나 받지 않은, 일이 일어나기 전으로 돌아갈 수만 있다면 좋다고 동의했습니다. 그리고…… 아버지의 가시는 길도 지켜보고 싶고요. 그래서 이번 여행에 자원하고자 합니다."

임 박사의 말이 끝나자 일석이가 할아버지를 쳐다보았다. 그러자 할아버지는 말해도 좋다는 뜻으로 고개를 끄덕거렸다.

"제 처지는 굳이 설명하지 않아도 모두 잘 이해하시리라 생각됩니다. 저는 잃어버린 과거만 아쉬운 게 아니라 현재도 아주 힘겹습니다. 그래서…… 저도 꼭 떠나고 싶습니다."

잠시 침묵이 흐른 뒤 할아버지가 말했다.

"예. 지금 이 결정은 사실 누구나 예상했던 것이고, 또 타당하다고 여겨집니다. 그리고 이번 여행은 두 사람이 떠나도 아무런 문제가 없도록 모든 계획을 이미 최선을 다해 완벽하게 수립해 놓았습니다. 한마디로 저를 믿는 사람들을 위해 이 늙은이의 모든 것을 바쳤습니다. 그러므로 오늘 이 결정을 최종적인 것으로 보겠습니다."

임 박사와 일석이의 두 번째 시간 여행은 외부에 알리지 않은, 일종의 비밀 계획으로 진행되었다. 이번 여행은 단순한 시간지연과 달리 현재와 과거에 걸친 시공간을 상당 부분 재조정하는 것이므로 그 영향을 가능한 한 최소화해야 하기 때문이었다. 하지만 이 모든 게 다 성공적으로 끝난 뒤에는 첫 번째 시간 여행보다 훨씬 더 위대한 업적으로 남을 여행이었다.

최종 결정 이후 몇 달 동안 임 박사와 일석이는 새로운 교육을 받으며 타임머신 여행에 대비했다. 이윽고 아침이면 청량한 찬 서리가 대지를 뒤덮는 초겨울의 어느 날, 두 사람은 마침내 5년 전의 과거, 그러니까 애초 첫 번째 시간 여행에서 돌아가야 할 그 시공간으로 떠날 여행에 나섰다. 하지만 이번 여행 자체는 그다지 오랜 시간이 걸리지 않는다. 블랙홀의 입구를 만들려면 엄청난 에너지가 필요하므로 태양에 최대한 가까이 다가설 텐데, 태양의 에너지를 빌려 일단 이 입구를 만든 다음에는 곧바로 뛰어들어 가장 빠른 시간 안에 웜홀을 통과하는 게 중요하기 때문이다.

다시 할마헤라 섬의 우주 기지에 올라 '반디 9호'를 바라보는 두 사람의 마음속에는 갈피를 잡을 수 없는 수많은 생각이 명멸했다. 하지만 어느 정도의 시간이 지나자 하나의 생각이 뚜렷이 솟아올랐다.

'그래, 이게 나의 갈 길이다.'

비밀리에 진행된 계획이어서 가장 가까운 사람만 배웅이 허용되었다. 얼굴을 직접 마주 볼 수 있는 공간의 마지막 문을 열고 밖으로 나간 일석이는 유리창을 사이에 두고 애지와 마주섰다. 일석이가 오른손을 창에 대자 애지는 왼손을 포갰다. 그리고 일석이가 왼손도 조금 장난스럽게 창에 대자 애지가 가벼운 미소로 응답하며 오른손을 포갰다. 이미 할 이야기는 다 했고, 어차피 유리창 때문에 들리지도 않을 것이므로 아무 말도 필요 없었다. 일석이가 꼭 돌아오겠다는 뜻으로 고개를 끄덕이자, 애지도 잘 알았다는 듯 고개를 끄덕였다. 그리고 잠시 뒤 일석이의 모습은 애지의 눈동자 속에서 작은 점이 되어 멀어져 갔다.

태양에 다가선 두 사람은 정해진 절차에 따라 반디 9호의 각종 장치를 점검했다.

"박사님, 모두 이상 없습니다."

"음, 나도 마찬가지네. 지니! 지니는 어때?"

"모두 정상입니다."

이번 여행에도 따라온 지니가 발레리나처럼 아리땁게 몸을 굽히며 대답했다.

"이번에는 지니의 역할이 훨씬 더 중요해. 정말 잘 부탁해."

"알겠습니다, 박사님, 일석 씨. 아무 걱정 마세요."

"자, 그럼 이제부터 모든 조작은 지니에게 맡기고 우리는 타임캡슐에 들어가세."

"예, 알겠습니다."

타임캡슐에 들어간 두 사람은 캡슐에 마련된 모니터를 통해 바깥 상황을 살펴볼 수 있었다. 어느 순간 엄청난 태양 에너지를 빌려 극히 작은 블랙홀이 마련되는가 싶더니 강한 중력에 의해 그 안의 시공간이 심연의 계곡처럼 확장되었다. 그 속으로 빨려든 반디 9호는 곧이어 웜홀을 통과하게 되었는데, 이때쯤 두 사람은 좁다란 시공간의 통로에 눌려 의식이 가물가물해졌다.

"웜홀이 닫히기 전에 빠져나가야 해."

일석이는 아빠가 개발한 웜홀 확장 기술이 제대로 작동하기를 간절히 기원했다.

"아빠는 내가 이 터널을 지나는 첫 인간이 될 줄은 꿈도 못 꾸셨겠지."

이 생각을 끝으로 일석이는 완전히 의식을 잃었다.

얼마나 시간이 흘렀을까. 걱정스런 표정으로 타임캡슐 속의 두 사람을 점검한 지니는 아무 이상이 없음을 확인한 뒤 의식을 회복시켰다.

"박사님, 일석 씨. 우리는 지금 5년 전의 우주 기지 근처에 와 있습니다. 이번 여행은 성공적으로 끝났습니다."

타임캡슐에서 빠져나온 두 사람은 지니의 말을 듣고는 부둥켜안으면서 기쁨을 나누었다.

"우리가 해낸 모양이지! 정말로 해낸 모양이야!"

"예, 박사님! 정말 그렇군요! 이제 내려갈 일만 남았습니다."

5년 전의 우주 기지에는 아무도 마중 나오지 않았다. 당연한 이야기지만 마중 나올 만한 사람들은 물론 다른 모든 사람들은 저 아래에서 그들의 일상생활을 보내고 있기 때문이었다.

여러 가지 귀환 절차가 마무리되어 집으로 돌아온 일석이는 조용히 뒤뜰로 나가 울타리 너머로 애지네 집을 바라보았다. 아직 일석이의 기척을 알아차리지 못한 애지는 마당의 나무 탁자에 앉아 뭔가를 읽고 있었다.

"애지야!"

일석이의 작은 부름에 애지는 함박웃음을 지으며 돌아보았다.

"아……."

일석이는 예전의 청순한 소녀의 모습으로 돌아온 애지를 보며 순간 깊은 기억에 빠졌다. 다시 정신을 차린 일석이에게 애지가 한달음에 달려왔다. 애지에게는 익숙한 일상의 한 흐름이었지만, 애지의 미래를 보고 온 일석이에게는 그 모습이 한없이 소중했다.

[6] 이는 미국의 물리학자 휠러(John Archibald Wheeler, 1911~)의 말이다(Matter tells spacetime how to curve, and spacetime tells matter how to move). 휠러는 1957년에 '웜홀', 1967년에 '블랙홀'이란 용어를 만든 사람으로도 알려져 있는데, '화이트홀'이란 용어의 창시지가 누구인지는 정확히 알려져 있지 않다. 한편 '블랙홀'이란 이름에는 약간 재미있는 배경이 있다. 블랙홀도 처음에는 '중력적으로 완전히 붕괴한 존재'라는 복잡한 이름으로 불렸다. 그런데 휠러가 이에 관한 세미나를 하면서 자꾸만 이처럼 복잡한 이름으로 부르자 마침내 청중 가운데 한 사람이 더 이상 견디지 못하고 "그냥 '블랙홀'이라고 하면 안 되나요?"라고 소리쳐 새로운 이름으로 거듭났다. 다만 그 청중이 누구인지 밝혀지지 않았기에 휠러가 '블랙홀'이란 이름의 창시자로 알려졌다. 어쨌든 이와 같은 간명한 이름을 가진 뒤로는 전문가뿐 아니라 일반인에게도 선명한 이해를 심어 주는 부담스럽지 않은 개념으로 자리 잡게 되었다.

마무리

시간 여행은 정말 가능할까?

이 책은 일종의 공상 과학 소설이다. 일반 소설과 달리 공상 과학 소설은 많든 적든 '과학의 소개'라는 부수적 목표를 가진다. 이 책은 그 가운데 아인슈타인이라는 위대한 과학자의 대표 업적인 '특수상대성이론'과 '일반상대성이론'의 기본 아이디어를 소설의 형식을 빌려 쉽게 전달하고자 하는 목표를 담았다. 그런데 소설이라는 특징 때문에 과학 지식이 그대로 반영되지는 않았고, 말 그대로 '공상'과 '과학'이 섞여 있다. 따라서 이에 대해 살펴보고 마무리하기로 한다.

처음 이야기를 시작할 때 미래의 어떤 특정 시기를 설정할까 하는 생각을 했다. 그런데 이 책에 나오는 여러 기술 가운데 어떤 것은 가까운 장래에 성취될 것으로 보이는 반면, 다른 어떤 것은 이론적 또는 기술적 난점 때문에 먼 장래에도 성취될지의 여부가 불투명하다. 따라서 일정한 시기를 꼽기가 어려워 시점을 특정하지 않았다. 하지만 참고삼아 대략 판단해 보자면 다음과 같으며, 이 가운데 많은 것이 앞으로 우리 미래의 과학자들에 의해 이뤄지기를 기대한다.

- 핵융합 발전, 입체 영상, 달 여행, 120세 인간 수명, 극초음속기 등
  - 아마 50년 안에 이뤄지지 않을까?
- 인공동면, 케이튜브, 스카이튜브, 남산스피어, 우주 엘리베이터 등
  - 아마 100년 안에 이뤄지지 않을까?
- 광자로켓
  - 기술적으로 극히 곤란해서 거의 불가능하지 않을까?
- 웜홀 생성, 타임머신
  - 이론적 및 기술적으로 극히 곤란해서 역시 거의 불가능하지 않을까?

2007년 여름, 향림골에서

고중숙

부록

아인슈타인 소개
(Albert Einstein, 1879~1955)

위대한 과학자 아인슈타인은 20세기 최고의 과학자라는 영광스런 삶 이면에 어두운 그늘이 있었다. 추측컨대 아인슈타인은 자신의 어두운 그림자를 평생 인식하며 지냈을 것으로 보인다. 물론 이에 대해 명확히 밝힌 자료는 없지만 이런 관점에서 살펴보면 그의 인간적 면모와 사상 체계가 사뭇 자연스럽게 이해되는 듯하다.

반항적인 청소년기

네댓 살 무렵의 아인슈타인은 성격이 좀 과격했다고 한다. 여동생 마야(Maja)의 회고에 따르면 아인슈타인은 두 살 어린 자신에게 여러 가지 물건을 집어 던지면서 괴롭히곤 했다. 그리하여 마야는 "지성인의 누이는 머리가 단단해야 한다."라는 말까지 남겼다. 또한 언젠가는 왜 화가 났는지 모르지만 여자 가정교사에게 느닷없이 의자를 내던졌고, 놀라서 달아난 그녀는 다시 돌아오지 않았다고 한다.

하지만 자라면서 이런 성격은 차츰 누그러졌고, 아인슈타인과 마야는 이후 평생 사이좋게 지냈다. 그런데 아인슈타인의 내면에는 여전히 그 성향이 남아 다른 방향으로 표출되었던 것으로 보인다. 아인슈타인이 중등학교에 다닐 무렵의 독일은 프러시아 시대의 군국주의 잔재가 여전히 위세를 떨치고 있었다. 그리하여 학교도 군대식이었고 수업도 강제적인 암기와 주입식이어서 창의적인 정신은 발휘되기 어려웠다. 이 때문에 천성이 다소 반항적이었던 아인슈타인은 자유를 그리워하는 쪽으로 성격이 발달되었고, 결국 이는 그의 지성이 계속 드높아짐에 따라 평화주의를 추구하는 바람직한 방향으로 나아가게 되었다고 생각된다.

아인슈타인은 집안이 사업 때문에 이탈리아로 이사할 때 홀로 뮌헨에 남았다. 하지만 억압적인 교육이 싫어서 누구와도 상의하지 않고 자퇴한 뒤 불쑥 이탈리아의 가족 앞에 나타났다. 또한 스위스의 취리히 공대에 입학하면서 그 자유로운 분위기에 도취된 나머지 독일 국적을 미련 없이 버렸다. 자못 뜻밖인 점은 이처럼 독일 국적을 포기하면서 무국적자가 되었다는 사실이다. 아마 이때까지만 해도 아직 혈기가 넘쳐 자유분방하고 자존심 강한 행동을 하는 데에 별로 주저함이 없었던 것 같다.

연구의 동반자, 밀레바와의 결혼

대학을 졸업한 뒤 아인슈타인은 꽤 오랫동안 힘겨운 시련을 겪는다. 취리히 공과 대학에 다니던 시절, 동급생이던 밀레바 마리치(Mileva Marić, 1875~1948)라는 여학생과 캠퍼스 커플이 되었다. '사랑에 빠지면 눈과 귀가 먼다.'라는 말이 있듯이 이때 아인슈타인과 마리치 사이의 관계는 참으로 불가사의했다. 마리치는 아인슈타인보다 네 살 연상이었고, 태어날 때부터 두 다리의 길이가 많이 달라서 눈에 띄게 절룩거렸다. 또한 성격은 아인슈타인과 반대로 침울하고 은둔적이었으며, 집안에는 정신 분열증 내력이 있었고, 사회적 지위도 유대 인이 깔보던 남부 유럽, 특히 그 가운데서도 가장 업신여기던 발칸

반도 출신이었다. 이 때문에 양쪽 집안을 포함하여 주위에서 그들의 결혼을 축복해 준 사람은 사실상 아무도 없었다.

1903년 결혼하기 전에 이미 둘 사이에는 딸이 하나 있었다. 하지만 리세를(Lieserl)이란 이름의 이 딸에 대해서는 태어난 지 얼마 지나지 않아 성홍열로 죽었다거나 사생아를 가졌다는 사실을 감추기 위해 입양시켰다는 추측만 있을 뿐, 더 이상의 아무런 자료도 없고, 이후 아인슈타인의 삶에서 그녀에 대한 어떤 흔적도 발견되지 않았다. 정식으로 결혼식을 올린 뒤 아인슈타인은 두 아들을 얻었다. 첫아들은 나중에 대학 교수가 될 정도로 정상적인 삶을 살았지만, 둘째 아들은 정확한 원인을 알 수 없는 정신 분열증에 걸려 정신 병원에서 비참한 생애를 마쳤다.

아인슈타인이 마리치를 배우자로 택한 이유를 가장 합리적으로 판단해 본다면 정열적인 사랑의 결과가 아니라 평생 이어 갈 연구의 동반자로 여겼기 때문으로 보인다. 당시에는 여학생이 대학교에 들어가는 것 자체가 어려웠는데, 장애인인데도 고향에서 멀리 떨어진 곳으로 유학까지 하면서 인문대도 아닌 공대에 갔다는 것은 마리치의 수학적 재능이 매우 뛰어났음을 잘 암시해 준다. 반면 아인슈타인의 과학적 직관은 탁월했지만 수학적 재능은 그렇지 못했으며, 따라서 이에 대한 보완이 꽤 절실하다고 판단했던 것으로 보인다. 이 점은 취리히 공과 대학교의 수학 교수였던 헤르만 민코프스키(Hermann Minkowski, 1864~1909)가 아인슈타인을 '게으른 개'라고 혹평한 데에서도 충분히 엿볼 수 있다. 그러나 사생아 문제, 집안과 주변의 반대, 마리치의 졸업 시험 실패, 아인슈타인의 실직 상태 등 냉혹한 현실 문제에 부딪히는 과정에서 마리치는 연구의 동반자라는 지위는커녕 아인슈타인과 자식들의 뒷바라지만도 힘겨운 지경에 빠지고 말았다.

연구에 대한 열정

하지만 아인슈타인은 이 시기에 많은 과학적 업적을 쌓는 반면 고통스런 역경을 지나는 동안 인간적으로 많이 성숙해졌다고 여겨진다. 처음의 고된 세월 속에서도 마리치가 학위를 취득하고, 아인슈타인도 베른 특허국의 말단 공무원으로나마 일자리를 얻음에 따라 겨우 생활의 안정을 찾게 되었다.

마침내 이른바 '기적의 해(annus mirabilis)'라고 불리는 1905년, 아인슈타인은 광전효과(photoelectric effect), 브라운운동(brownian motion), 특수상대성이론(special theory of relativity), 질량에너지등가원리(matter-energy equivalence principle)에 대한 네 편의 논문을 잇따라 발표하면서 영광의 길로 나아가는 서막을 열었다. 물리학 역사상 아인슈타인의 1905년에 비교되는 또 다른 '기적의 해'로는 아이작 뉴턴(Isaac Newton, 1642~1727)이 운동의 세 법칙, 만유인력의 법칙(Law of universal gravitation), 미적분(calculus), 광학의 법칙(Opticks) 등을 발견해 낸 1666년을 꼽는다. 과학 분야에서 최고의 두 천재로 평가받는 뉴턴과 아인슈타인은 240년의 시차를 두고 20대의 나이에 각각 독자적인 기적의 해를 일구어 고전물리학과 현대물리학의 토대를 구축했다.

불행하게 끝난 결혼 생활

이와 같은 과학자로서의 길과 달리 아인슈타인의 결혼 생활은 오히려 서서히 파탄의 구렁텅이로 빠져들었다. 마리치는 아인슈타인을 위해 자신의 거의 모든 것을 희생하는 동안 심신 양면으로 모두 피폐해 갔다. 이에 따라 아인슈타인이 주변의 모든 반대를 무릅쓰고 추구해 왔던 구원의 동반자 관계는 너무나 허무하게 무너져 내렸다. 그러던 중 1909년에 얻은 둘째 아들의 정신 분열증은 이 과정에 결정타가 되었다. 아인슈타인은 "나는 둘째 아들이 어렸을 때부터 느리지만 불가항력적으로 이 사태가 다가오는 것을 고통스럽게 지켜보았다."라고 썼으며 '저주스런 유전'이라고 한탄했다. 결국 외적으로는 세계적인 명사로 떠오른 전성기였던 1919년, 아인슈타인의 첫 결혼생활은 이와 같은 시련을 극복하지 못하고 이혼으로 막을 내렸다.

역경을 딛고 평화주의자가 되다

이후 아인슈타인은 적어도 겉보기로는 평화의 사도처럼 진지한 평화주의자가 되었다. 예를 들어 제1차 세계 대전이 발발한 1924년에 독일은 중립국인 벨기에를 침공한 데 대해 세계의 여론이 악화되자 정부가 막후 활동을 벌여 '문명 세계에 대한 선언서'를 작성하고 지식인들에게 반 강제적으로 서명하도록 했는데, 그 수는 93명에 이르렀다. 하지만 아인슈타인은 이에 반대하여 작성된 '유럽 인에게 대한 선언서'에 서명했다. 여기에는 단 3명만 참여했는데, 아인슈타인에 있어 이 서명은 이후 40년이 넘도록 줄기차게 추구한 평화주의 운동의 실질적인 서막이 되었다.

아마 이런 운동과 관련하여 가장 유명한 것은 원자 폭탄을 둘러싼 일화일 것이다. 아인슈타인이 핵무기의 근원이 되는 $E=mc^2$의 식을 제창했던 1905년은 물론 이후 30여 년이 지나도록 이 식은, 태양 에너지의 비밀을 밝히는 등의 이론적 흥미만 자극할 뿐 실용성은 없다고 여겨졌다. 그러나 방사성 원소에 대한 연구가 발전하면서 차츰 그 에너지를 인위적으로 제어할 가능성이 엿보이게 되었다. 이와 관련하여 가장 앞서간 나라는, 아인슈타인의 모국이 독일임을 생각하면 당연하다고 할 수 있다시피, 바로 제2차 세계 대전의 근원인 독일이었다. 이에 아인슈타인은 평화를 원하기는 하지만 더 큰 비극을 막기 위하여 다른 지식인들과 함께 루스벨트 대통령에게 편지를 써서 독일보다 앞서 원자 폭탄을 개발하도록 촉구했다.

이를 계기로 '맨해튼 프로젝트'가 수립되어 원자 폭탄이 만들어지고, 히로시마와 나가사키에 투하되어 제2차 세계 대전이 끝나게 된 것은 너무나 잘 알려진 이야기이다. 그런데 좀 아이러니컬한 것은 정작 아인슈타인 본인은 미국 정부로부터 위험한 인물로 평가되어 이 프로젝트에 참여하지 못했다는 점이다. 이 과정에 대해 아인슈타인이 어떻게 느꼈을지는 본인만 알 것이다. 하지만 나중에 독일이 원자 폭탄을 실제 무기로 완성할 능력은 거의 없었다고 알려졌고, 일본에 대한 투하가 반드시 필요한지 불분명한데도 결국 투하된 데 대해 깊이 탄식했다는 점에서 볼 때 여러 모로 많이 고뇌했을 것으로 짐작된다. 그리고 이와 같은 이미지 때문에 아인슈타인은 과학 이외의 활동에서 도덕적으로 매우 높은 경지에 이른 인물로 묘사되곤 한다.

과학 업적과 화해하지 못한 개인의 삶

이러한 대외적 인식과 달리 아인슈타인이란 한 개인적인 범위로 좁혀 보면 자못 크게 모순되는 면모가 드러나 당황스럽기까지 하다. 그는 밀레바와 이혼한 후 자식들을 거의 돌보지 않았다. 노벨상의 상금은 모두 밀레바에게 주었지만 기본적으로 이는 이혼 조건으로서의 약속을 이행한 것이었다. 이와 같은 행동은 생애 마지막까지 계속되었다. 그는 노벨상 상금은 전혀 개의치 않아도 될 정도의 유명 인사였으며, 실제로 재산이 아주 많았고, 심지어 사후에도 엄청난 부가 축적되었다. 그런데 그는 유산 전부를 이스라엘의 히브리 대학교에 기부하여 후손에게는 한 푼도 남기지 않았다. 이 때문에 장남 한스가 입양한 손녀는 할아버지의 후원을 전혀 받지 못하고 노숙자에 가까운 빈곤 속에서 외로운 죽음을 맞았다.

아인슈타인의 이런 태도는 톨스토이의 삶을 떠올리게 한다. 톨스토이는 성경의 이상을 도입하여 비폭력 철학을 펼쳤으며, 이는 간디나 마틴 루터 킹과 같은 위인들을 통해 면면히 전해졌다. 하지만 기이하게도 톨스토이 역시 가족에게는 가혹했다. 그의 아내는 톨스토이가 가족을 돌보지 않는 데 대해 격렬하게 항의했지만 그의 드넓은 인류애를 정작 가장 절실하게 필요한 눈앞의 가족에게는 평생토록 돌리지 못했다.

이렇게 살펴본 아인슈타인의 생애는 우리를 깊은 상념에 젖게 한다. 한 인간의 삶은 어떻게 평가되어야 할까? 위대한 업적과 사상은 반드시 고통스런 역경을 통한 인간적 고뇌를 거쳐야만 얻어지는 것일까? 그리고 설령 그렇다고 해도 이러한 업적과 사상은 개인적인 삶과 끝내 화해할 수 없는 것일까?

우리는 인간이 다른 생물들을 초월한 만물의 영장으로 일컬어지는 이유를 여러 가지로 배운다. 그런데 그중 하나로 역사를 통해 선현들의 삶과 지혜를 간접적으로나마 절실히 배워 자신의 삶에 투영하는 것을 꼽을 수 있다. 이런 점에서 볼 때 우리는 아인슈타인의 생애가 과학적 업적뿐 아니라 그 전체적 면모에서 여러 모로 좋은 전형이 됨을 깨닫게 된다. 더욱이 그에 대한 자료는 매우 풍부한 편이다. 따라서 앞으로 그에 대해 알고자 하는 사람은 아무쪼록 이와 같은 총체적 배움을 통해 어리석음은 덜고 슬기로움은 키우면서 참되고도 올바른 삶의 경지에 이르게 되기를 진심으로 기원한다.

시간지연은 특수상대성이론의 4대 귀결 가운데 가장 쉽게 이해할 수 있을 뿐 아니라 이 책의 내용과 가장 관련이 깊다. 따라서 이것만 여기서 간단히 살펴보기로 한다. 이를 위하여 먼저 어떤 '시계'를 만드는데, 이 시계는 아래 그림처럼 '막대에 고정된 마주 보는 두 거울'이라는 아주 단순한 구조로 되어 있다.

막대 하나와 두 거울로 만든 시계

시계의 핵심은 '일정한 반복'이다. 두 거울 사이에 갇힌 빛은 일정한 시간 간격으로 양쪽을 왕복하고 있으므로 시계의 역할을 한다. 빛이 거울에서 반사될 때마다 거울에 연결된 검출기가 도착을 기록한다. 검출기에 기록된 반사 횟수를 보고 시간을 잴 수 있다.

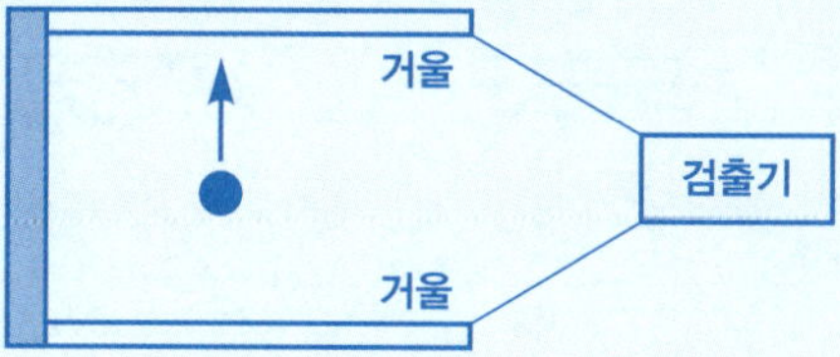

이렇게 만든 두 개의 똑같은 시계를 하나는 A가 갖고 기차에 올라 지나가며, 다른 하나는 B가 갖고 도로변에서 비교한다.

기차의 A와 도로변의 B가 가진 시계

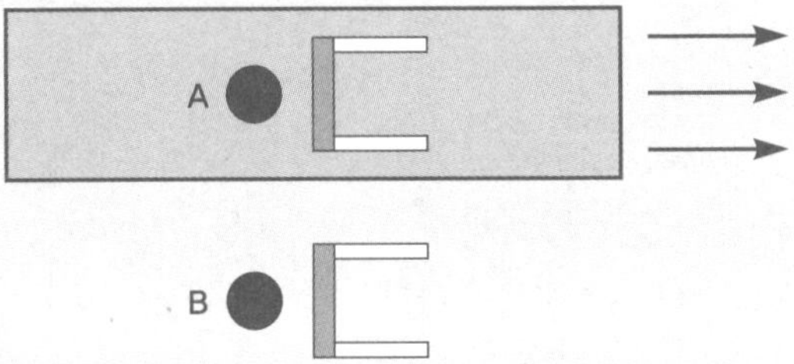

먼저 B가 자기의 시계를 보고 시간(t_0)을 재는 것을 보자. 거울 사이의 간격을 L_0라고 하면, 빛의 속도는 c이므로, 한 거울에서 다른 거울까지 가는 시간은 $t_0 = L_0/c$로 구해진다. 이제 B가 A가 가진 시계를 보면서 그 시계의 두 거울 사이를 왕복하는 빛이 한 거울에서 다른 거울까지 가는 시간을 재는 것을 보자. 그런데 이때는 기차가 움직이고 있으므로, 빛이 왕복하는 모습은 아래 그림과 같이 지그재그로 보인다.

B가 볼 때, A가 가진 시계의 거울 사이를 왕복하는 빛의 경로는 지그재그로 보인다.

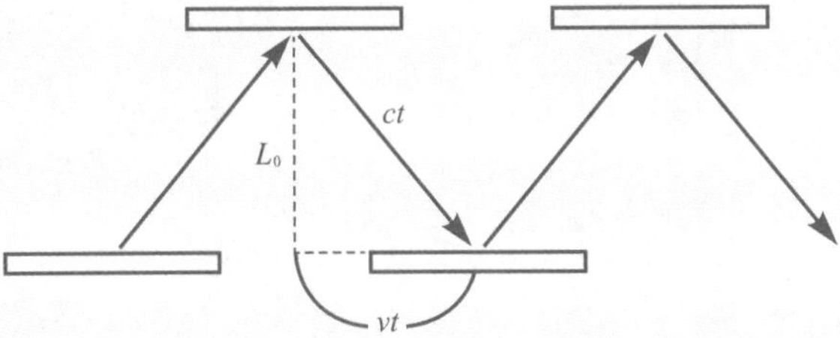

이처럼 빛이 간 거리는 늘어났는데, 속도는 광속일정원리에 따라 변함이 없으므로, 한 거울에서 다른 거울까지 가는 데에 걸리는 시간이 늘어난다. 이 시간을 t라 하고 기차의 속도를 v라고 하면, 그림과 같은 직각삼각형이 그려지고, 여기에 피타고라스 정리를 적용하면 다음 식이 얻어진다.

$$(ct)^2 = L_0^2 + (vt)^2$$

이를 t에 대하여 풀면 다음과 같다.

$$t^2(c^2 - v^2) = L_0^2$$

$$t^2 = \frac{L_0^2}{(c^2 - v^2)} = \frac{L_0^2}{c^2\{1-(v/c)^2\}} = \frac{L_0^2/c^2}{1-(v/c)^2}$$

$$t = \frac{L_0/c}{\sqrt{1-(v/c)^2}}$$

현재까지 시간의 역전은 관찰된 적이 없으므로 '음의 근(根)'은 버린다.

그런데 마지막 식의 분자인 L_0/c는 도로변에서 B가 자신의 시계로 잰 시간 t_0이므로, 우리가 얻고자 하는 시간지연에 관한 식은 다음과 같다.

$$t = \frac{t_0}{\sqrt{1-(v/c)^2}}$$

다시 말해서 속도 v로 움직이는 시계는 정지한 관찰자의 시계보다 시간지연 관계식의 비율만큼 느리게 간다. 그런데 잠시 뒤 본문에서도 이야기하듯, A와 B의 운동은 '상대적'이므로 A는 자기가 정지해 있고 B가 속도 v로 움직인다고 생각할 수 있다. 따라서 시간지연 현상은 "상대속도 v로 움직이는 두 사람은 서로 상대방의 시계가 자신의 시계보다 시간지연 관계식의 비율만큼 느리게 가는 것으로 관찰한다."라고 풀이할 수도 있다.

특수상대성이론을 이해하는 핵심 개념 2 '쌍둥이 역설'

일석이가 광속의 80퍼센트 속도로 20광년 떨어진 별까지 다녀온다고 해 보자. 지구에 사는 일혁이의 계산에 따르면 가고 오는 데에 각각 '20÷0.8 = 25'년이 걸리므로 모두 50년이 걸린다. 그러나 일석이가 우주선에서 보내는 시간을 시간지연 관계식

$$t = \frac{t_0}{\sqrt{1-(v/c)^2}} \cdots\cdots\cdots\cdots ①$$

에 따라 계산해 보면 30년밖에 되지 않는다. 곧, 일석이가 일혁이보다 20년 젊은 모습으로 나타난다.

다음으로 이 결과는 특수상대성이론의 귀결 가운데 하나인 '공간수축(length contraction)'의 관계식을 이용해서 구할 수도 있다. 공간수축의 식은

$$t = L_0\sqrt{1-(v/c)^2} \cdots\cdots\cdots\cdots ②$$

로 주어지며 "정지한 사람에게 L_0로 보이는 길이가 v로 움직이는 사람에게

는 L로 줄어들게 보인다."라고 풀이된다. 다시 말해서 일혁이가 보기에 20광년의 거리가 일석이가 보기에는 ②식에 의해 12광년으로 줄어든다. 따라서 일석이의 계산으로는 이 별까지 가고 오는 데에 각각 '12÷0.8 = 15'년, 곧 왕복으로 30년이 걸린다. 그러나 지구에 남은 일혁이의 계산으로는 위에서 보았듯 왕복 50년이 걸린다. 그러므로 이 계산으로 볼 때도 일석이가 일혁이보다 20년 젊은 모습으로 나타난다.

끝으로 '도플러효과(Doppler effect)'에 관한 식을 이용하면 두 사람이 겪는 시간적 경과를 더 구체적으로 알아볼 수 있다. 도플러효과는 파동이 관찰자에게 다가오면(또는 관찰자가 파동에 다가서면) 주기(p)가 본래 주기(p_0)보다 빨라지고, 반대의 경우 느려지는 현상을 가리키며, 기차 소리가 다가올 때는 높은 음으로 들리다가 지나치면서 멀어지면 낮은 음으로 들리는 것을 좋은 예로 많이 든다. 빛의 경우에도 마찬가지이고, 이에 대한 식은

$$P = P_0\sqrt{\frac{1-(v/c)}{1+(v/c)}} \cdots\cdots\cdots\cdots ③$$

로 주어지며, 파동과 관찰자가 서로 다가서면 v값을 양수로, 멀어지면 v값을 음수로 대입해서 구한다. 이제 두 사람이 1년마다 한 번씩 전파 신호를 보낸다고 가정하자. 그러면 ③식에 따라 쌍둥이가 멀어지는 동안에는 3년에 한 번씩, 가까워지는 동안에는 1년에 세 번씩 신호를 받게 된다.

먼저 일석이는 위 ②식의 결론에 따라 가는 데에 15년 걸리므로 가는 중에 '15÷3 = 5'번 신호를 받고, 오는 데에 15년 걸리므로 오는 중에 '15÷(1/3) = 45'번 신호를 받는다. 따라서 모두 50번의 신호를 받음으로써 일석

이는 자신이 여행하는 중에 일혁이의 나이가 50살 늘어난다는 사실을 알게 된다. 한편 일석이는 가는 중에 15번의 신호를 보내는데, 일혁이가 이 신호를 받는 데에는 '15×3 = 45'년이 걸리고, 오는 중에도 신호를 15번 보내는데, 일혁이가 이 신호를 받는 데에는 '15×(1/3) = 5'년이 걸리므로 모두 50년이 걸린다. 이처럼 도플러효과를 이용한 분석에서도 일석이가 일혁이보다 20년 젊은 모습으로 나타남을 알 수 있다.

이상 살펴본 예에서는 일석이의 속도가 출발 순간부터 광속의 80퍼센트이고, 반환점에서 순간적으로 방향을 반대로 바꾸며, 지구에 도착해서도 순간적으로 정지한다고 보는 문제가 있다. 다시 말해서 실제로는 이 여행이 처음 출발할 때 가속하고, 반환점에 이르면 감속하고, 반환점을 지나면 다시 가속하고, 지구에 도착하면 다시 감속하는 과정들을 포함한다고 봐야 한다. 이처럼 가속과 감속하는 과정까지 고려하려면 일반상대성이론의 결론도 이용해야 한다. 그러나 이 유도 과정은 복잡한 반면, 결과는 특수상대성이론만을 이용한 결과와 일치함이 알려져 있으므로 여기서는 생략한다.

아인슈타인의 생애

● 1879

3월 14일 독일 울름에서 평범한 유대 인 사업가 집안에서 태어남.

● 1880

집안이 뮌헨으로 이사.

● 1884

아버지가 사 준 나침반을 보고 처음으로 커다란 경이로움을 느낌.

● 1885

뮌헨의 초등학교에 입학. 바이올린을 배우기 시작.

● 1888

뮌헨의 중등학교에 입학. 이 무렵 그는 판에 박힌 학습과 교육 방식을 경멸하는 등 자유로운 성향이었고 자존심이 강했다고 한다.

● 1891

기하를 배우면서 두 번째로 커다란 경이로움을 느낌.

● 1894

사업 관계로 집안이 이탈리아의 밀라노로 이사. 아인슈타인은 중등학교를 마치기 위해 뮌헨에 남았으나, 12월에 아무 상의 없이 학교를 자퇴하고 밀라노의 가족과 합류했다.

● 1895

스위스 취리히 공대 입학 시험에 떨어져 이듬해에 입학하기 위해 아라우(Aarau)에서 1년간 공부하며 지냄. 이때 아인슈타인이 '재수'한 것으로 알려져 있지만, 실제로는 정상적인 대학 입학 연령보다 어렸기 때문에 재수라고 볼 수 없다.

● 1896

취리히 공대에 입학. 독일 생활에 실망한 그는 이 해에 독일 국적을 포기하고, 이후 5년 동안 무국적자로 지냄.

● 1900

취리히 공대를 졸업하고, 첫 번째 과학 논문 발표.

● 1901

스위스 국적 취득. 여러 직장에 지원했지만 자리를 얻지 못하다가 12월에 베른 특허국의 말단 직원으로 채용됨.

● 1902

아버지가 세상을 뜸. 대학 동창인 밀레바 마리치와의 사이에서 딸을 얻음.

● 1903

양가의 반대 속에서 밀레바와 결혼. 혼전에 얻은 딸은 이 해에 헝가리로 입양되었다고 하지만 이후의 행방은 알려진 바 없음.

● 1904

장남 한스 탄생.

● 1905

광전효과, 브라운운동, 특수상대성이론, 질량에너지등가원리에 대한 네 편의 혁명적인 논문 발표. 이 때문에 "기적의 해"라고 일컬어짐. 이를 토대로 아인슈타인은 영광의 길로 나아가는 서막을 엶.

● 1906

취리히 대학교에서 박사학위를 받음.

● 1907

일반상대성이론의 연구에 대한 실마리를 얻음.

● 1909

취리히 대학교의 교수가 되어 베른 특허국 사직.

● 1910

차남 에두아르트 탄생. 프라하의 게르만 대학교에 교수로 취임.

● 1911

제1회 솔베이학회에 참석. 태양에 의한 별빛의 휨을 계산하고, 일식 때 관찰할 수 있을 것으로 예상.

● 1912

모교인 취리히 공대에 교수로 취임. 사촌 이혼녀 엘사 뢰벤탈(Elsa Löwenthal, 1876~1936)과 사랑하는 사이가 됨.

1914

마리치가 아인슈타인과 함께 살려고 두 아들을 데리고 베를린에 왔지만, 적응하지 못하고 취리히로 돌아감. 제1차 세계 대전 발발.

1915

일반상대성이론을 학회에서 발표했으며, 논문은 1916년에 나옴.

1919

밀레바 마리치와 이혼(2월). 태양에 의한 별빛의 휨이 영국 원정대의 관측으로(5월) 확인되었고, 이를 계기로 아인슈타인은 순식간에 대중적 저명인사로 부각됨. 엘사와 결혼(6월).

1920

어머니가 세상을 뜸. 덴마크 물리학자 닐스 보어(Niels Bohr)와 처음 만남. 이들은 1927년 이후 여러 해에 걸쳐 양자론에 대해 유명한 논쟁을 펼침 아인슈타인은 광전효과의 해명을 통해 양자론의 탄생에 기여함.

1921

미국을 처음 방문하고 하딩 대통령의 환대를 받음.

1922

노벨물리학상을 받음. 공식적으로 1921년의 상이지만 독일의 반유대 정서 및 상대성이론에 대한 논쟁 때문에 지연되어 실제로 수여된 때는 1922년. 대상 업적도 상대성이론이 아니라 '광전효과 연구와 이론물리학에 기여한 업적'으로 기록됨.

1933

독일에서 히틀러가 정권을 잡고 유대 인 박해가 시작되자 미국으로 건너가 프린스턴의 고등과학연구소 교수로 취임. 이후 그의 연구는 거의 통일장이론의 개척에 집중됨.

1939

독일이 원자 폭탄 개발 징후를 보이자 다른 과학자들과 함께 루스벨트 대통령에게 원자 폭탄 개발을 촉구하는 편지를 보냄.

1940

미국 시민권을 취득했지만 스위스 국적도 유지함.

● 1941

원자 폭탄을 개발하는 '맨해튼 프로젝트'가 시작됨. 아인슈타인은 위험인물로 지목되어 배제됨. 12월에 일본의 진주만 공습이 있었고, 이를 계기로 미국도 제2차 세계 대전에 참전.

● 1945

히로시마와 나가사키에 원자 폭탄이 투하되고 제2차 세계 대전이 끝남. 원자 폭탄 투하 결과에 충격받은 아인슈타인은 이후 세계 정부의 수립과 핵에너지의 평화적 이용에 헌신.

● 1952

이스라엘로부터 대통령에 취임해 달라는 요청을 받았지만 사절.

● 1955

핵무기 폐기를 호소하는 '러셀-아인슈타인 선언'에 서명. 4월 15일 복부의 동맥이 부풀어 프린스턴 병원에 입원했으나 3일만에 사망. 유언에 따라 그의 시신은 화장되었고, 재는 2주쯤 지나 간소한 장례식을 치른 뒤 밝혀지지 않은 장소에 뿌려짐.

읽고 풀기

1. 일석이네 아빠는 시공간(spacetime)을 넓히는 프로젝트에 참여합니다. 시공간이란 무엇인가요? 2장 참고

2. 특수상대성이론의 바탕이 되기도 한 아인슈타인의 질문, '빛과 나란히 달리면서 빛을 쳐다보면 어떻게 보일까?'에 대답을 써 보세요. 2장 참고

3. 특수상대성이론은 크게 4가지 결론으로 이끌어집니다. 그중 이 책의 내용인 '시간지연'의 내용에 대해 말해 보세요. 3장 참고

4. 비 오는 날 우산이 없을 때 100미터를 가야 합니다. 이때 천천히 걷는 것과 빨리 뛰는 것 가운데 어떻게 하는 편이 비를 덜 맞을까요? 4장 참고

5. 아인슈타인이 말한 "우주 공간은 휘어져 있다"는 내용을 비행기의 경로를 이용하여 설명해 보세요. 5장 참고

6. 블랙홀(black hole), 화이트홀(white hole), 웜홀(worm hole)에 대해 간단히 설명해 보세요. 5장 참고

7. 여러분이 일석이처럼 첫 번째 시간 여행으로 인해 인생의 소중한 시기를 놓쳤다면, 두 번째 시간 여행을 떠나겠습니까? 떠나든 떠나지 않든 그 이유를 들어 함께 이야기해 봅시다.

* 읽고 풀기의 PDF는 blog.naver.com/totobook9에서 다운로드 받을 수 있습니다.

1. 우주는 시간과 공간으로 되어 있으며, 이것을 합쳐서 '시공간'이라 부른다.

2. 빛을 제외한 나머지 속도가 있는 물체는 같은 속도로 나란히 달리면 모두 정지해 있는 것처럼 보인다. 하지만 빛과 같은 속도, 즉 1초에 30만 킬로미터, 1초에 지구를 7바퀴 반 돌 정도로 빨리 달리는 것은 불가능하기 때문에 우리가 아무리 빨리 달려도 빛은 언제나 똑같이 제 속도로 달려가는 것처럼 보인다.

3. 어떤 사람이 로켓을 타고 빛을 초월할 수는 없지만, 거의 빛과 맞먹을 정도의 엄청나게 빠른 속도로 우주여행을 하고 돌아오면 지구에 있는 사람보다 나이를 적게 먹는다.

4. 거리가 일정한 이상 몸의 앞면은 속도에 상관없이 같은 양의 비를 맞지만, 몸의 윗면은 빨리 가면 적게, 느리게 가면 많이 맞는다. 따라서 빨리 뛰면 비를 맞는 총량이 줄어드는데, 그것은 오직 빗줄기의 수직 성분에 해당하는 양이 줄어들기 때문이다.

5. 우리가 비행기를 타고 서울에서 부산까지 날아갈 때, 비행기가 가는 길은 정확한 직선이 아니다. 방향이야 서울에서 부산을 잇는 직선을 따라 날아간다고 하더라도 비행기의 고도는 '지표면으로부터의 높이'를 일정하게 유지하느라 경로는 지표면을

따라 원을 그리며 휘어지기 때문이다. 빛을 비행기로 치환하면, 빛은 한사코 가장 짧은 길을 따라가려고 하는데도 중력 때문에 빛이 휘는 것이고, 이것은 우리가 살고 있는 이 우주 공간 자체가 휘어진 공간이기 때문이다.

6. 블랙홀 : 빛도 빠져나오지 못할 정도로 중력이 어마어마하게 큰 암흑의 구멍.

화이트홀 : 모든 것을 방출하고 토해 내는 구멍.

웜홀 : 블랙홀과 화이트홀을 연결하는 중간 부분. 벌레가 기어다니는 구멍이란 뜻이다.

7. 시간 여행이 가능하다면 그것을 통해 분명히 얻는 것과 잃는 것이 있다. 일석이의 사례에 비추어 보고 우리에게 시간 여행이 가능하다면 나는 어떻게 할 것인지 깊이 고민하는 시간을 가져 보자.